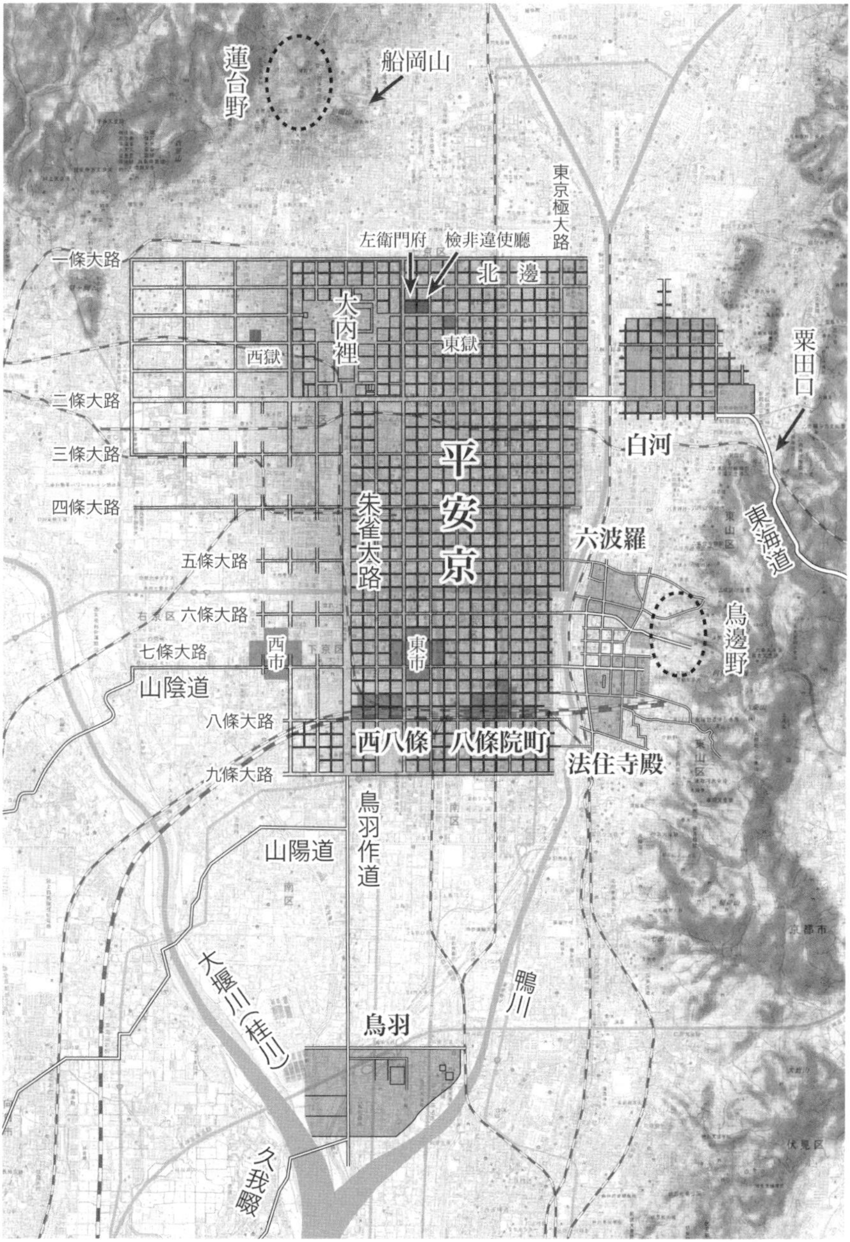

圖 1　構成「京都」的主要地區（修改自山田邦和 2012）

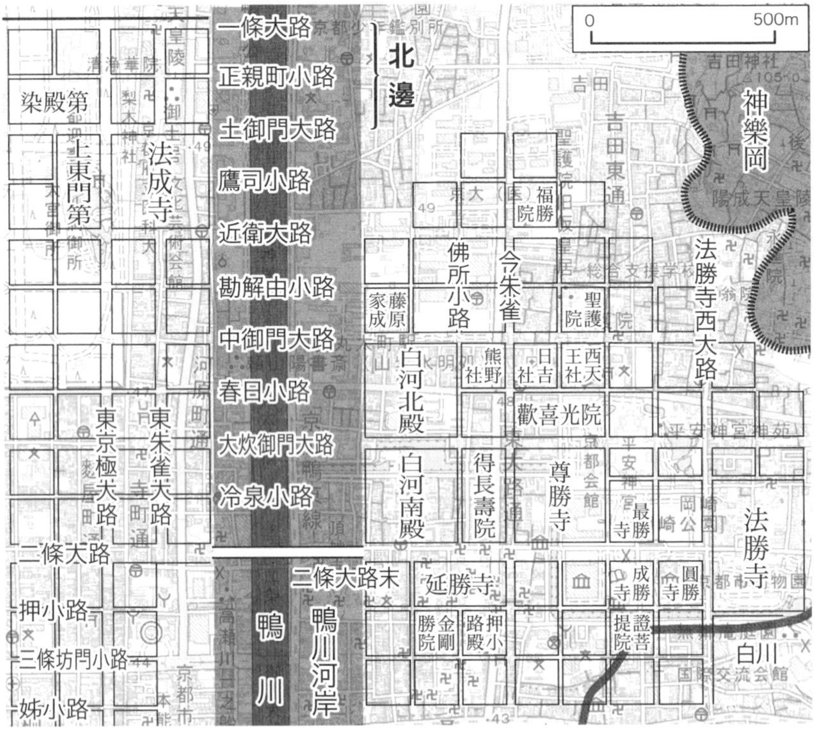

圖 2　白河及範圍擴大後的左京（修改自山田邦和 2012）

圖 3　白河全景（原景重現模型）

※ 以下所有原景重現模型皆為京都史歷史資料館所有，於京都市平安京創生館展示

圖 4　法勝寺的八角九重塔（原景重現模型）

圖 5　法勝寺八角九重塔的基壇遺跡（引用自《LEAFLET 京都》269）

圖 6　鳥羽殿（修改自山田邦和 2012）

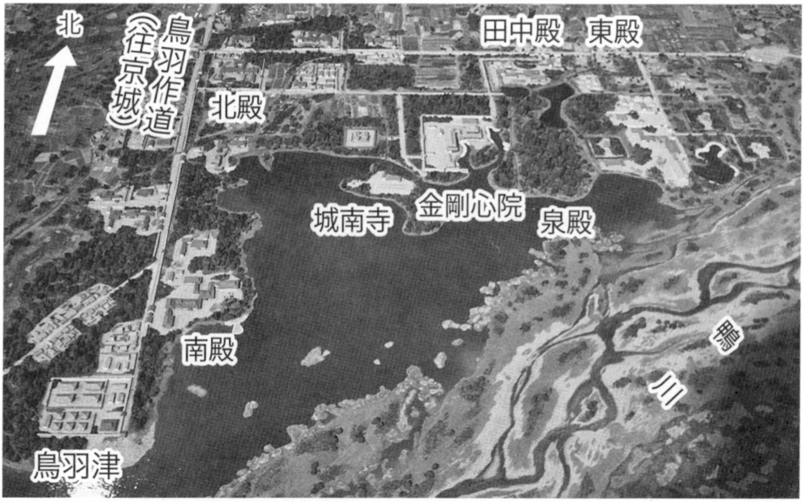

圖 7　鳥羽殿全景（原景重現模型）

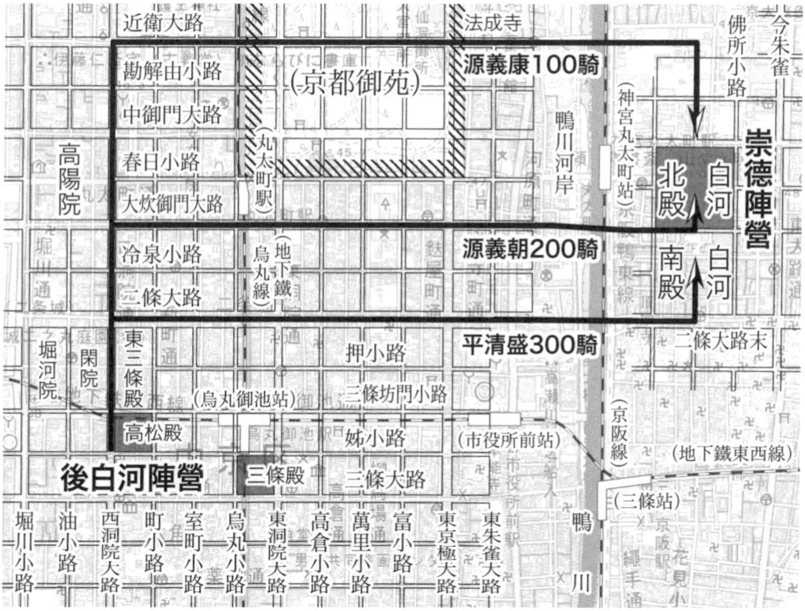

圖 8　保元之亂的戰場（特別標示出京都御苑與鐵路線以供參考）

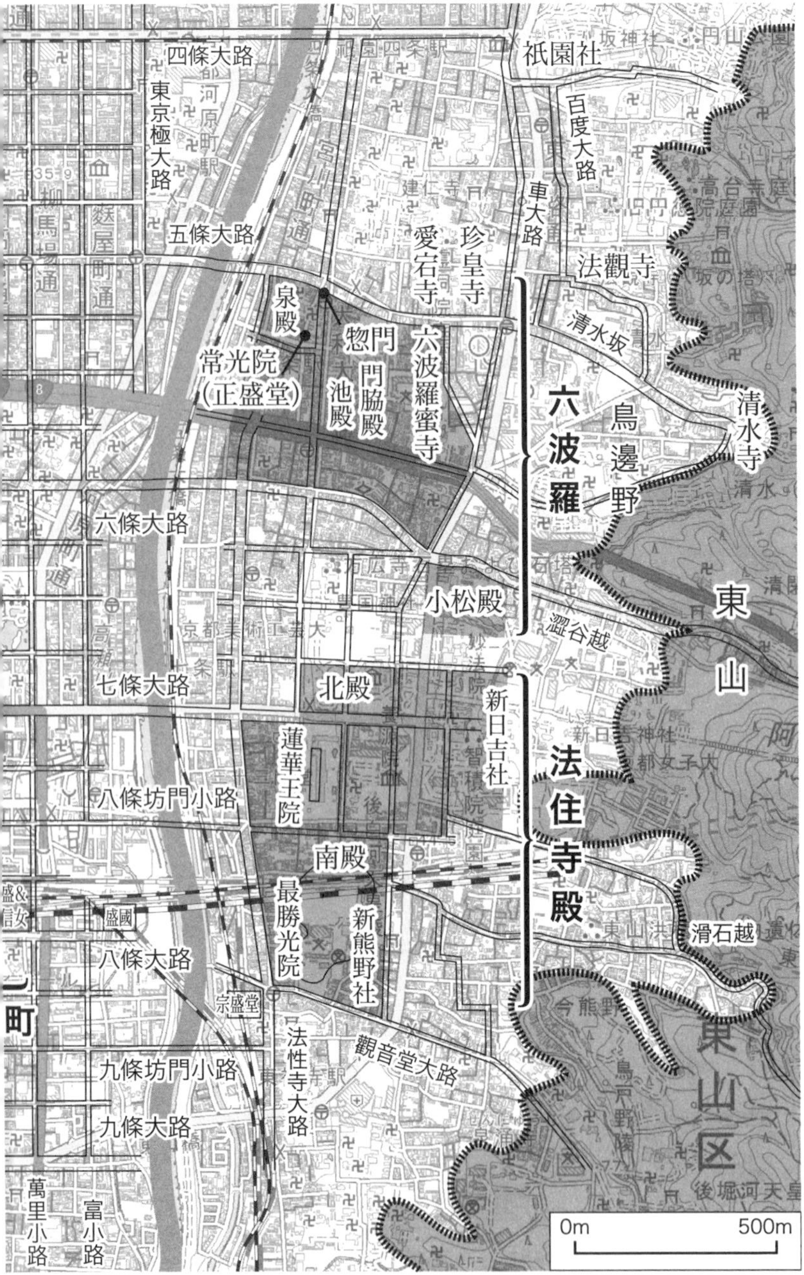

（特別標示出鐵路線以供參考。修改自山田邦和 2012）

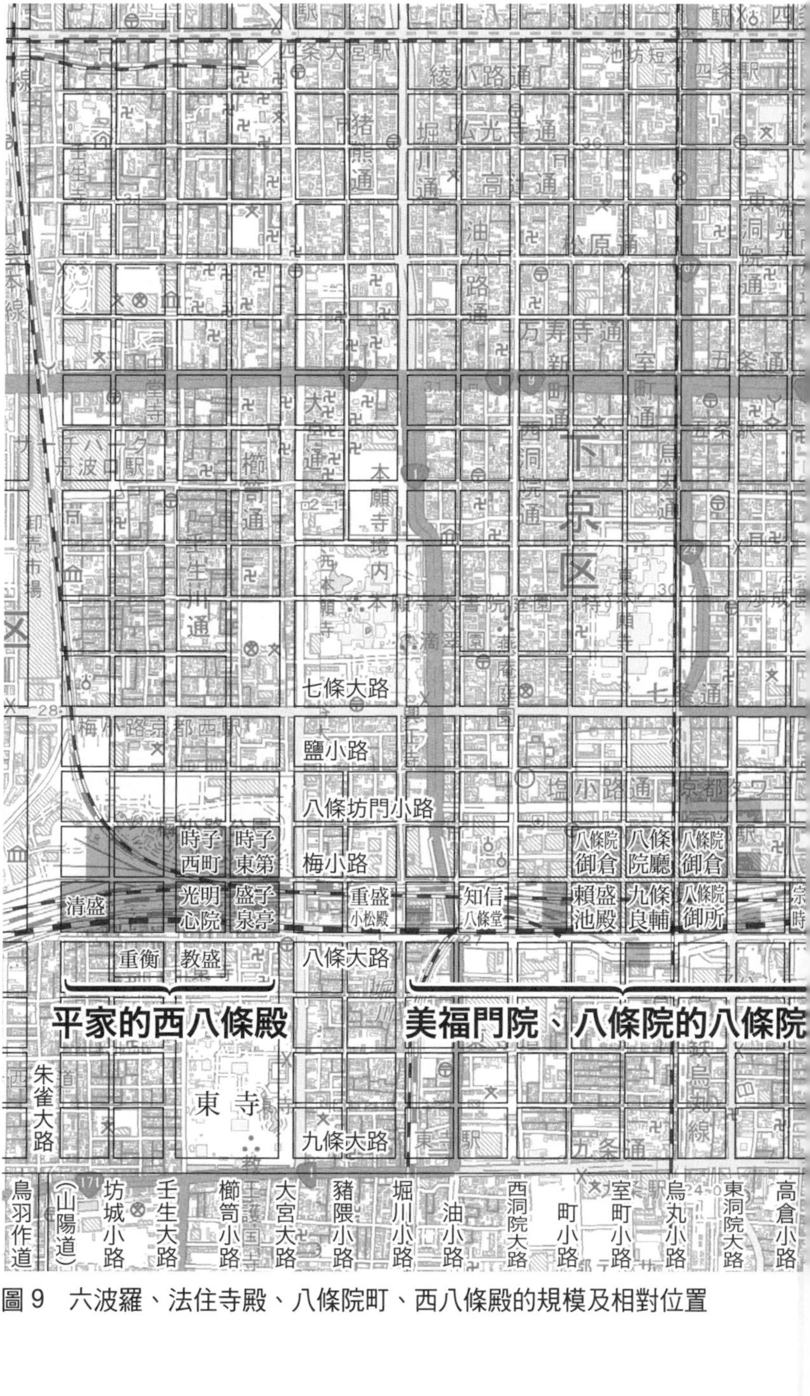

圖 9　六波羅、法住寺殿、八條院町、西八條殿的規模及相對位置

圖 10　法住寺殿（《年中行事繪卷》朝覲行幸，田中家收藏之複製畫）

京都的誕生

武士が造った戦乱の都

平安時代武士創建的戰亂之都

Momosaki Yuichiro

桃崎 有一郎

周若珍——譯

目次
Contents

京都的誕生

武士が造った戦乱の都

推薦序　別具匠心的京都史

邱振瑞（作家．日本文學翻譯家）

所有歷史學研究者幾乎都有這樣的共識：在所有他可以知覺到的事物之中，沒有一種是他不能設想用來作為某個問題的證據的。在此之前，他要獲得擴大歷史知識，就必須有先行研究或通讀羣書的實力，將那些往往被忽視的或習以為常的刻板事實，再次整編和闡述建構出有自己特色的歷史觀。正如馬羅《論歷史知識》指出，「在沒有遇到好奇勤奮的歷史學家之前，文獻資料本身並不存在。」這句話意味著歷史學家肩負的任務，他就必須調動和運用各種相關專書，檢視是否達到理想的設定，如果想吸引大眾讀者閱讀，他還得用深入淺出的文字呈現出來，否則只能落得孤芳自賞的境地。

眾所周知，在日本出版界，向來有出版歷史著述的傳統及市場，無論是大出版社或自費出版品，它們都是歷史著述最大的推動者，尤其二戰後日本歷史學潮流的發展強烈形塑著普通讀者的歷史觀。換句話說，當時的歷史著述必然帶有那個時代的印記，從其信仰的政治意識形態出發，積極捍衛和傳播自己的歷史論述。以二戰後馬克思主義史學為例，他們藉由《歷史學家如何看待天皇制》這個核心議題，旨在向固若金湯的皇國史觀發出挑戰，在那之後，講座和勞農派的對峙，又引起人們對於日本近代經濟史和政治史的關注。此外，在日本古代史、中世史、近世史耕耘甚深的北山茂夫、奈良本辰也、林屋辰三郎等京都學派的學者，以嶄新的視野挖掘和建構「京都」的歷史。在這股力量推動下，進入五〇年代，歷史學、文獻學、民俗學、文化人類學、美術史、考古學和文學史等領域都取得很大的成果。

隨著跨領域學術研究的刺激，實證主義歷史學以堅實的史料研究和邏輯論證，衝擊著馬克思歷史學的學術觀點，其中以安良城盛昭（日本中世・近世）的論文〈太閤檢地之歷史前提〉最具震撼性，進而引起兩派的攻防論戰，儘管最後沒得出共識，卻促成「歷史研究會」以「對戰後歷史學方法的省思」主題，進行深切的討論，近世的研究者開始蒐集史料，實證豐臣秀吉在日本全國推行的檢地的措施（農地〔山林除外〕的測量及收穫量調查）。這個新銳而具開創性的歷史觀點，激發中世史中「領主制論」和「非領主論」的論戰。在領主制論者看來，在地領主和下人的關係，領主和其支配隸屬農民的關係，即為社會的基礎，而所謂在地領主即出身偏僻農村的人（武士），這些人與王朝對抗，武家政權因而奠定下來。另一方面，在非領主制論者認為，莊園的支配者為權貴階級，亦即貴族、寺院神社、武家和農民之間，是自上而下的支配關係，在地領主的作用不大，在只為求安穩生活的農民眼中，他們是施展暴力干涉的冷血武士，並非與王朝對抗的英雄，他們是以暴力屠殺為業，以武力為才藝表演的集團。

桃崎有一郎《京都的誕生：平安時代武士創建的戰亂之都》一書，正接續著非領主制論這條政治不正確的歷史論述。然而，他的歷史書寫策略極其成功，不但細緻考察了平安京的發展史，並運用現代政治學的方法，以充滿現代性的筆觸，解釋武士崛起的契機，生動描述他們如何通過武力征伐，將「京都」演變為同門（源氏）一族內訌廝殺的舞台，為了謀取權位，綁架上皇也在所不辭。這些發動政變的權鬥過程，即使在今天讀來，依然令人驚心動魄。在書中，作者提及文獻記載中第一次山門強訴的記錄。那就是白河天皇在位之際，多達千人的延曆寺僧人發起暴動朝京城進軍，其中六百人手持六百卷《大般若經》、兩百人手持兩百卷《仁王經》，另有兩百人全副武裝，試想，這是何等恐怖的場面？起因是當時祇園神社感神院的人事任命問題。彼時，由於神佛習合的觀念，祇園神社受到名為感神院的佛寺的支配。不知從何開始，延曆寺方面宣稱，上述寺院神社的人事任命權應該歸他們所有，感神院卻違背了延曆寺的意向，將自己的職位擅自讓予他人。延曆寺因此大為震怒，要求朝廷「以延曆寺的任命為准，駁回感神院的決定，並要求可惡的違命之徒認罪。」不過，朝廷並未立即回應這一要求，延曆寺便有了正當性，派出大量僧兵叫囂要脅朝廷。

進一步說，延曆寺的僧兵們已不守佛門戒律，膽敢向高高在上的天皇嗆聲叫板了，何況累積了挾天子以令諸侯經驗、嚐過成功奪權的果實的武士？在他們看來，「京都」並非代表日本傳統文化的聖地，毋寧說，它只是爭權奪利的舞台。當時的都城居民亦相信，戰爭一定會發生在京都之外，京都永遠是一片安全的觀眾席，然而，保元之亂徹底打破了這一幻想。由此，京都走上了一條禁忌的道路，逐漸演成一片戰場。最後，作者重回書寫策略（土地開發與旅遊觀光），對於這個由武士所創建的動亂之都的地貌變遷，做了有趣的古今對照：如果將八條院東洞院御所的位置，與今天的京都加以比對，八條院的舊址就在今日ＪＲ京都車站的正下方。若將新幹線月臺的最東端視為八條殿的東南角，由此往西，東西約長一百二十公尺，而南北則是從0號月臺（草津線、特急雷鳥號等的乘車月臺）到14號月臺（新幹線下行列車的乘車月臺）的距離，恰好是ＪＲ京都車站所有的月臺。換句話說，每一位從新幹線的第十六節車廂至第十二節車廂下車的乘客，就在不知不覺間立於八條殿的舊址上。由此看來，高明的學者無論撰寫古代史或中世史，就是有辦法拉近讀者與時空的距離，賦予讀者莊重有度的史識，帶領讀者認識別具匠心的京都史。

前言　平安京轉生為「京都」的時間點

「平安京是什麼時候誕生的？」聽見這個問題，想必大多數的日本人會反射性地回答「黃鶯啼叫（七九四年）平安京」吧[1]。那麼，倘若將問題改成「京都是什麼時候誕生的？」各位又會怎麼回答呢？我想大部分的日本人可能會對這個問題感到不可置信，一頭霧水地反問：「平安京誕生的時候，不就是京都誕生的時候嗎？」

這個問題正是本書的出發點——平安京並不是京都。各位讀者或許會覺得納悶，但看完以下的說明，相信各位便能理解。想必許多讀者都曾在校外教學或旅行時造訪過京都吧？現在，我想請各位回想一下自己在京都參觀過的觀光景點。若是神社佛寺，主要的景點包括清水寺、金閣寺、銀閣寺、上賀茂神社、下鴨神社、知恩院、三十三間堂、北野天滿宮、平等院鳳凰堂等等；而提到富有傳統風情的繁華鬧區，則可舉出祇園花街、先斗町的美食餐廳街、鴨川河畔以及嵐山等景點。

事實上，上述的「京都」觀光景點，全都不在平安京的範圍之內；位在平安京內的知名觀光景點，大概只有東寺吧（就連京都御所也不在平安京之內）。不少觀光客甚至除了在京都車站上下車時之外，根本沒有踏上平安京的土地一步。

京都其實是一個位在平安京範圍之外，涵蓋了新開發土地的都市；然而如今卻主客易位，反而是位在平安京以外的地區，擺出一副「我們才是正統『國都』」的姿態。平安京最具代表性的特色，是每個人都曾在歷史課學過的「棋盤式道路規劃」（將土地區劃為大小相同的正方形），但我想請各位回憶一下，當各位走在上述觀光景點時，是否留意到道路和土地區劃根本不是「棋盤式」呢？換言之，所謂具有「京都特色」的觀光景點，事實上完全不具平安京的特色。

神社佛寺是一般公認最具「京都特色」的代表景點，但如上所述，知名的神社佛寺大多不在平安京的範圍內。為什麼呢？這是因為，其實當時有「平安京內不得建造寺院類建築」的規定。各位想必會十分訝異，畢竟近年京都[2]被列為世界遺產的主因，乃是「神社佛寺的景觀」（古京都遺址內的十七座建築，除了二條城外，皆為神社或佛寺；其中佛寺就占十三座），怎麼可能會有這種規定呢？然而這是千真萬確的事實。另外，有些讀者或許會質疑：「不對啊，東寺應該一開始就在平安京裡面吧？而且過去屬於平安京範圍之內的地方，現在不是也有好幾間寺院嗎？」沒錯，東寺確實打從一開始就是平安京的一部分，但這其實是特例。東寺以外的寺院，要不就是江戶時代才加入的「新成員」，要不就是當初透過巧妙的話術，主張自己並不是「寺院」，才得以留在平安京內的寺院。在古代與中世[3]，除了東寺（以及與其成對的西寺）之外，平安京內並沒有任何寺院。

「沒有寺院」正是「平安京的特色」，而這一點，正好與「到京都觀光＝到寺院參拜」這種「京都特色」互相矛盾。京都非但不在平安京的地理範圍之內，也並未受到平安京的設計概念所侷限。當初既不是平安京單純改名為「京都」，也不是平安京的範圍無端擴大，而形成了「京都」。當時，都市型態與平安京截然不同的都會區，已在平安京的外圍逐漸發展成形；此都會區銜接上已捨棄部分土地的舊平安京後，全區自此便開始發揮嶄新的功能——所謂的「全區」，就是「京都」。平安京無法滿足人們盼望「京都」提供的功能；而當人們發現平安京的功能不符所需，催生「京都」

誕生的動機自然也隨之升高。事實上，我們可以精準地推斷出上述「動機升高」的時間點。所以，人們究竟是從什麼時候開始、基於什麼理由，開始稱呼這座城市為「京都」的呢？這便是本書的主旨。

人們從未百分之百運用平安京的土地[4]。屬於濕地的右京（西半部）以及地勢低窪、易發生水患的南部地區，皆不適合作為住宅區，實際上也沒有太多人居住，因此並未按照計畫開發。學校教科書上的「平安京地圖」也並非史實，而是出自桓武天皇的想像。原本勉強住在右京和南部地區的人們，最後也一一離開，人口逐漸集中至左京的四條以北，也就是平安京東半部的北側。

外圍的新開發地區慢慢與左京接合，最具代表性的例子，就是平安京南部郊外的政權中樞「鳥羽」、鴨川對岸（東側）的寺院區「白河」，以及白河南部的武士居住區「六波羅」。這些地區串連後逐漸形成的「京都」這個城市，便是本書的主角。

唯有人們抱著堅定的意志催生一個都市，都市才會誕生；也正因如此，都市往往能強烈反映出人們的立場和理念。因此，追溯「京都」誕生的過程，就等於釐清當初究竟是誰、基於何種原因，讓平安京轉生為「京都」的。其中最重要的，就是建設鳥羽、白河地區的白河法皇與鳥羽法皇，以及從零開始將六波羅打造成武士重要居住區的平家三代（平正盛、平忠盛、平清盛）。

若沒有院政[5]與平家，「京都」絕對不可能誕生。尤其是從平家勢力開始崛起到平清盛掌握權力的這段過程，更是完全與「京都」自誕生至成熟的過程重疊。平家是武士，因此依照邏輯上的必然性，我們可以導出一個重要的結論——武士來到國都，並逐漸攀上權力巔峰的過程，正是「京都」發展過程的一部分，也是不可或缺的要素。

在討論京都時，人們幾乎從不提及武士，尤其是位在關東地區的鎌倉幕府與江戶幕府在京都所扮演的角色。更極端地說，京都人甚至認為他們是跑來搗亂京都之後，就拍拍屁股離開的野蠻外來者。在觀光景點與媒體所塑造出的京都形象中，自始至終住在京都的天皇永遠是良善的象徵，而武士則總是遭到批評或無視。鎌倉幕府在承久之亂中與天皇一家敵對，將天皇廢位，更將三名上皇流放；江戶幕府也打壓了天皇。在與天皇關係緊密的京都，人們會討厭幕府，也是無可厚非。然而這樣的情緒只不過是單純的愛鄉愛土之情，甚至是某種宣傳手法，與事實真相並無太大的關聯。

坊間已有數不清的書籍旨在探討武士與京都之間的關係，而本書的獨特之處，在於強調武士正是建立「京都」的主角之一。武士的誕生早於「京都」，因此本書首先將談及武士如何使用平安京，以及平安京又是如何運用武士。京都在象徵著武士時代正式來臨的源平合戰前後數年間逐漸衰亡；對鎌倉時代的京都而言，首先必須面對的課題，就是如何從衰亡中復興。不過京都在走向衰亡之前，究竟發展到了什麼程度呢？本書將追溯這段歷程。

我由衷盼望各位讀者帶著這本書，再次造訪京都。我撰寫本書的目的，正是為了讓各位能從在京都車站下車的瞬間開始，便跨越八～九百年的時間，追憶「京都」誕生的過程，並將座落於各處的觀光景點視為一個面向、一個故事，來親身體驗。倘若在各位眼中，同一個觀光景點看起來與過去的印象截然不同，甚至連新幹線月臺這種與京都風情沾不上邊的景色，都能勾起各位心中的感慨，那將是我最大的喜悅。

第一章

仰賴武士的平安京及朝廷的治安

——「獄門」與凱旋遊行的形成

守護京都治安的官衙——京職、彈正臺、衛府

平安京幾乎沒有名符其實「平安」的時期，因為自從遷都至平安京以後，有長達半個世紀左右的時間，無論國都或其他地區，都充斥著被稱為「群盜」的凶惡強盜集團。關於這段期間的詳細狀況，在《武士起源解析》[1]一書中有清楚的說明，請各位參考。

當時的朝廷有三個負責維護治安的官衙，分別是「京職」、「彈正臺」以及「衛府」。京職負責監督平安京內居民的生活起居，負責左京的稱為「左京職」，負責右京的稱為「右京職」。遷都平安京七年後，也就是延曆二十年（八〇一），桓武天皇將四百八十名士兵分配於左右京職[2]。這些士兵以二十人為一班，總共分成二十四班，各班每年值勤一次，每次十五天；天皇外出時，他們必須在宮中、京城中擔任「先驅」（走在天皇前方，負責疏散民眾、排除障礙物的工作），而平時則是在宮中各處擔任警衛。平安時代初期以後，他們的職務重心逐漸轉為肅正風紀，主要負責取締破壞市區（例如擅自變更水路）、污損市區，或糾正怠忽清掃義務的官衙、官員、

民眾等。

而彈正臺的職責是監督京職。彈正臺是彈劾違法亂紀的貴人或官員的單位，從平安初期開始，彈正臺就會陪同京職一起巡邏京城；到了九世紀中葉之後，朝廷制定了京職必須每十天騎馬巡邏一次、彈正臺必須隔月巡邏一次的制度[3]。承合十年（八四三），彈正臺曾在巡邏時「勘當（斥責）」京職，認為居民之所以違法，乃是由於京職的職員監督不周[4]。

然而無論是京職或彈正臺，都無法應付凶暴的群盜。主要是因為上述兩者皆不是專精戰鬥的警察機構，此外群盜個個擅騎射，十分棘手。所謂的騎射，就是騎在馬上射箭的技術，這是在槍枝、大炮傳入日本前最強力的高階武藝，亦是特權階級的技藝。因為當時的農民每天為了生活焦頭爛額，根本沒有餘力學習，只有領主階級（身兼消費者與領導者的族群）才有可能投注大量時間及金錢學習騎射，並持續練習。在中央爭權失利的貴族旁支，以及在地方擔任領導者的「郡司[5]」等富豪階級（世襲的小地方官或有力的農民）學會了騎射之後，便將這項技藝應用於生存（欺壓掠奪弱小的同類或農民）。在這些人之中，有部分人因為成為中央貴族的隨從而狐假虎威、恃勢凌人，也有部分人組成了強盜集團；後者就是所謂的群盜。

負責對付這些群盜的，是同樣武藝高強的「衛府」。衛府是武官所屬的官衙總稱，在平安初期的嵯峨天皇時代，設有「近衛府」、「衛門府」、「兵衛府（左右各二）」，當時稱為「六衛府」。近衛府負責看守宮中大門，以及在天皇外出時擔任護衛；衛門府負責看守京城各處的大門；兵衛府則負責管理、監督派駐於宮中各建築物的衛兵，並在天皇出入皇宮時擔任護衛。

在京城裡，夜晚報時的「夜鼓」敲完後，在晨間報時的「曉鼓」響起之前，一般民眾是禁止在夜間外出的[6]。衛府會在夜間展開名為「夜行（或行夜）」的巡邏工作，巡視京城裡的各條道路，盤查違反規定的民眾；倘若民眾沒有非不得已的理由（例如報喪或為病患求藥、求醫），便會遭到逮捕。

毫無作用的衛府夜行——實際執行的部隊素質過於低落

搜查躲藏在京城裡的盜賊，也是衛府的工作之一。根據記載，這項工作至少持續到承和四年（八三七）[7]。從隔年的承和五年開始，各地正式進入「群盜時代」；兩年後的承和七年，就連京城也開始遭到群盜的襲擊，於是夜行和搜索盜賊便成了衛府的主要工作，朝廷亦多次修正制度並下令徹底執行。

然而，取締群盜的成效卻依然不彰。根據記載，在嘉祥三年（八五〇）與齊衡二年（八五五），甚至出現「頃來盜賊為群，黎甿被害，或暗中放火，或白晝掠人」、「時京師多盜，掠奪人物」等狀況[8]。群盜的勢力愈來愈大，作亂範圍也愈來愈廣，為了因應，衛府搜索的範圍也擴大至「五畿內」（平安京所在的山城國與其周邊的大和國、攝津國、河內國、和泉國），甚至包括宮中（皇宮所在之「大內裡」範圍內）。換言之，就連天皇的四周，都有群盜的蹤跡出沒。

搜索群盜的人力也在此時增加，原本負責管理朝廷馬匹的單位「馬寮」，也加入搜索的行列。馬寮的官員並非武官，無法參與戰鬥，因此他們的職責應是提供、管理衛府武官所騎乘的馬匹。之所以需要馬匹，是因為群盜也使用馬匹行動，機動性相當高。

儘管增強了人力，夜行卻仍舊無法達到預期的成果。我們可以從貞觀十八年（八七六）頒布的警戒令得知原因。此命令規定「分遣左右近衛、左右兵衛等『勇幹者』，騎官馬，於東西京中，每夜巡行，伺視非常」[9]。這是朝廷第一次為了應付群盜問題而選拔精銳，這意味著：平均而言，衛府官員的武力根本無法抵擋群盜的襲擊，而主因是他們的素質太低。

衛府的組織，分為屬於高層的「官人」與聽命於高層的「舍人」。隸屬於近衛府的官人包括：長官[10]「大將」、次官[11]「中將」及「少將」、三等官「將監」、四等官「將曹」。而隸屬於兵衛府和衛門府的官人，則包括：長官「督」、次官「佐」、三等官「尉」，以及四等官「志」。這些官人大多為出身平安京的貴族階級。

相對地，舍人則是從外地出身的郡司富豪階級徵召而來的實戰部隊，隸屬於近衛府的舍人稱為「近衛」，隸屬於兵衛府的舍人稱為「兵衛」。或者應該說，由名為近衛、兵衛的舍人所統轄的單位，分別是近衛府與兵衛府。隸屬於近衛府的近衛有六百人，隸屬於兵衛府的兵衛有四百人[12]。

這些官兵全是弓騎兵，照理說應能成為可靠而強大的警力，然而事實上他們卻一無是處。最大的原因是——本來應該存在的這群人，實際上根本不存在。原來他們絕大部分都是沒有真正值勤的「幽靈官員」。貞觀十三年（八七一），由於京城裡的盜賊實在太多，朝廷下令更密集地執行夜行，然而當時值勤的官兵人數，包括官人在內僅有十人。七年後的元慶二年（八七八），群盜展開大規模襲擊，當時的夜行值勤人數，包括官人在內也只有二十人。衛府派來對付群盜的實戰部隊人數實在少得可憐，素質也其差無比。他們只顧著享受該職位可免除納稅義務的特權，連上京都不肯，只在地方上作威作福，甚至被民眾批評為「和群盜一樣的社會害蟲」。也就是說，這些舍人不但一無是處，甚至可說是群盜的同類，也就是破壞社會安寧的一群人。

眼見衛府如此不可靠，京城的居民決定自己組織民間警衛隊。在京城裡，民眾將相鄰的五「戶（家）」編成一個「保」，維護日常生活與治安。每個保都設有一名「保長」，各保的成員必須互相監督，以防彼此違法，並掌握是否有外來者或外出者；當一戶逃亡時，同保中的各戶必須負起連帶責任，追查該逃亡戶的蹤跡[13]。然而，當時與一般平民混住的「王臣家」（皇族或貴族），卻沒有義務加入保的編制，阻礙了這個具有組織性的民間警衛隊發展。儘管貞觀四年（八六二）頒布了法令，強制他們必須也加入保[14]，卻由於沒有制定罰則，而導致無人遵守。

到了昌泰二年（八九九），雖制定了罰則[15]，卻毫無作用。因為當時日本的律令（法律）對皇族和貴族極為寬容，王臣家及其後裔無論犯什麼法，幾乎都不會被判處死刑，甚至擁有免受任何刑罰的特權，於是貴族及其手下便肆無忌憚地違法亂紀。他們隸屬於朝廷，而且是最高階層的達官貴人，朝廷（政府）和天皇卻對他們一籌莫展，任由他們在京城內形成一股宛如治外法權般的勢力。這些無法可管的權貴在京城橫行霸道的狀況，正是中世京都基本型態的源流。從這個角度來看，平安京可謂名義上屬於天皇，實際上卻不受天皇掌控。

最後的一絲希望——檢非違使

在衛府和民間警衛隊都不值得期待的狀況下，「檢非違使」成了僅存的一絲希望。檢非違使是九世紀初期嵯峨天皇在平安京設置的警察單位，雖被稱為「令外官」（未規定於《養老令》中的新設官吏），但嚴格來說並不算是官職；因為檢非違使乃是一種附加在左右衛門府官人職務上的屬性，實際上並沒有專職的檢非違使。

檢非違使的工作是「巡檢京城中的非違（違法行為）」，他們能逮捕罪犯，將罪犯關進牢裡，還會追查犯罪事實，甚至可以做出判決，也就是兼具警察、檢察、法院三種功能的機關。檢非違使的職務雖然與既有的官衙重複，但京職的肅正風紀工作，只能在處理京城各類大小民政事務之餘執行；而彈正臺的工作是監察、彈劾京職等官衙及朝臣，並不包括直接取締京城的居民。此外，京職與彈正臺皆為文官，無法應付武裝的群盜，而身為武官的近衛府和兵衛府，又完全派不上用場。

於是，檢非違使成了眾人的期待。而他們之所以倍受期待，是因為只有左右衛門府的官人有資格擔任檢非違使。其實衛門府不同於近衛府、兵衛府，只有官人，而沒有舍人；講白一點，也就是衛門府裡完全沒有既不守法又懶惰的廢物。而且，檢非違使是經過遴選的精銳部隊，擁有追捕犯人（追趕、逮捕罪犯）及處罰（名為「律」的刑法知識）的高度專業技能。儘管未臻完美，檢非違使之所以仍能一肩擔起京都的行政事務，直至南北朝時代[16]末期（十四世紀末），都要歸功於上述的精銳主義。

貞觀六年（八六四），朝廷將左右檢非違使的值勤地點由左右衛門府遷至東、西「市司」[17]。市司是負責監督公設市場——東市與西市的官衙。之所以將取締犯罪的機關遷移到市場，是因為市場同時是犯罪現場及執行處罰的現場。相信各位不難想像，聚集了大量商品和貨幣的地方，確實較容易成為犯罪的溫床。根據記載，天長八年（八三一），一名在某起命案中擔任共謀的女性遭判六十大板之刑，並在西市公開行刑[18]。在市場公開執行處罰，大多京城居民必定會圍觀，故可期待藉此達到殺雞儆猴之效。將檢非違使的辦公處遷至市場，應是意圖透過當場執行體罰等輕微刑罰，以提升執法效率。

在市場裡，商家必須每個月制定「沽價（定價）」。向京職提出沽價，獲得許可印之後，便能以該價格販售。倘若有人打破沽價，以不當手法買低賣高，便會當場遭到逮捕並處以刑罰[19]。這原是市司的職務，但由檢非違使負責更合適；既然如此，乾脆讓檢非違使兼任市司，豈不是更方便？——於是天曆二年（九四八）四月，檢非違使便正式開始兼任市場的「權正（在原有市司員額之外增置的長官）」[20]。自此，平安京的治安維護便日漸仰賴檢非違使，直到平安時代中葉。

檢非違使的少數精銳，不敵以人數取勝的群盜

特別為追捕犯人而設置的檢非違使，某種程度上確實讓京城裡的群盜減少了，然而問題並沒有因此徹底解決。一直到九世紀末，群盜都以「近京」或「邊城」，也就是平安京的近郊作為根據地，特別是淀川的山崎、與渡（淀），以及大堰川（桂川）的大井等「津（港口）」，以躲避檢非違使的搜查。群盜只不過是將根據地轉移至京都附近的郊外（京郊）罷了。此外，群盜的新根據地多位在與京城鄰接之河川下游、距離京城不遠處的港口，前往京城極為方便，增加了群盜侵襲平安京的機動性（之所以將根據地設置於下游處，最大的考量或許不是便於襲擊，而是為了便於在襲擊後順利脫逃）。於是，檢非違使的搜查範圍也擴大至這些港口。貞觀十六年（八七四）十二月，檢非違使被要求簽署一份承諾「有所看著，即便糾彈（一旦目擊群盜，便立即取締）」的文件[21]。這是因為檢非違使的工作熱忱持續低落，到了這個時期，甚至對群盜視而不見。

過去，檢非違使的工作細則並未明文規定於律令中，直到隔年頒布了《左右檢非

違使式》，才首度概括性地予以規定；之所以這麼做，應該就是為了提振檢非違使鬆懈散漫的工作態度。也許，對於本來只需要管轄京城的檢非違使而言，延伸至山崎、與渡、大井等地區的管轄範圍實在太大，因此導致他們無力負荷，進而失去了工作熱忱。

宇多天皇在位時的寬平六年（八九四），朝廷為過去沒有專用官廳的檢非違使設置了「左、右檢非違使廳」，要求他們每天在官廳值勤[22]。官廳座落於左衛門府與右衛門府的範圍內，或許是由於當時審判必須在設有牢獄的衛門府密集地進行，以提升效率的緣故。然而直到隔年，檢非違使都沒有動靜，朝廷甚至下令要求盡速執行此命令；可能是檢非違使的工作實在太忙，根本沒有餘力搬遷吧。

同樣在寬平六年，朝廷下令要求檢非違使每十天前往大井、與渡、山崎、大津出差一次，「糾察非違者」[23]。這項命令與十九年前的《左右檢非違使式》內容幾乎無異，不過位於東邊鄰國——近江境內琵琶湖畔的大津，在此首次被納入搜索範圍。醍醐天皇繼任後，在昌泰二年（八九九）曾有「京畿群盜蜂起」、在延長九年（九三一）則有「近日群盜滿京，掠人物」等記載[24]，可知群盜並未減少。

到京城「通勤」的群盜，與無能為力的檢非違使

當然，檢非違使並非沒有付出努力。延喜四年（九〇四），檢非違使因為逮捕群盜而獲得獎賞；承平元年（九三一）十二月，霸佔儒學家藤原菅根舊宅的群盜也在檢非違使及衛府的包圍下投降[25]。兩年後的承平三年（九三三），朝廷頒布了新的制度，要求衛門府、兵衛府、馬寮以輪值制的方式每晚執行夜行[26]。然而這些努力宛如杯水車薪，完全無法根除群盜。

最大的原因是，犯罪者的數量遠比僅是少數精銳的檢非違使來得多。康保元年（九六四）有一份回顧檢非違使額員變化的紀錄[27]；根據此紀錄，在寬平七年（八九五），左、右檢非違使共有佐四人、尉四人、府生（下級職員）二人、左、右別當（長官）二人，合計十二人。天慶三年（九四〇），增加為尉十人，志六人，府生八人，合計三十人。天慶九年，志減少二人，合計二十八人。要處理京城中所有警察、檢察與刑事裁判工作，這樣的人力勢必不足。

天慶二年（九三九）四月，為了搜索襲擊京城的盜賊，檢非違使被派遣至山崎、

與渡（淀）、會坂、龍花越、大枝山[28]。會坂是屬於古代「三關」（防止外敵由東方入侵京畿的三個關卡）之一的逢坂關所在之地，位在近江境內；龍花越（龍華越）是連結山城與近江國境的山口；大枝山（大江山）是從山城往西，通往丹波的老坂峠。其後，根據紀錄，檢非違使曾在安和元年（九六八）搜索「京邊東西山野」；天延四年（九七六），則曾搜索「西京邊土」[29]。由此可知，此時群盜的足跡已西至丹波，東至近江，從遠方將平安京包圍，廣泛散居於國境地帶的山野之中，過著山賊的生活，偶爾到京城搶奪民眾財物，就像以「通勤」的形式工作一般。

面對不斷擴大、分散勢力範圍的群盜，檢非違使早已無能為力。天曆元年（九四七），當朝廷終於正視這個問題時，囚犯已經多到來不及審判；等待判決的囚犯人數眾多，牢獄人滿為患，囚犯因為牢獄設備簡陋而身陷飢寒交迫的窘境，甚至有囚犯還沒等到判決就在獄中喪命。朝廷認為，審判速度緩慢，乃是因為身為法官的檢非違使為了訊問、調查，必須多次往返左、右衛門府，造成時間上的浪費。於是，原分為左、右的檢非違使廳，自此整合為一[30]。

然而，改革的速度卻遠不及罪犯增加的速度。隔年，也就是天曆二年，狀況已經惡化至「強盜橫行京中」；這些盜賊甚至入侵右近衛府，搶奪財物後揚長而去。十年後的天德二年（九五八），強盜集團更闖進右獄（右衛門府管轄的監獄。請參照圖1），放走了九名囚犯[31]。此時的朝廷，可說已經從取締犯罪的一方，變成遭受侵襲的一方了。兩年後，正如文件所記載之「近來京中盜起」，群盜問題急速惡化[32]。到了約莫二十年後的天元五年（九八二），仍有「群盜盈巷，殺害連日」的記載，在殺人不眨眼的群盜威脅下，京城居民只能長期過著提心吊膽的生活。記錄了這一切的朝臣藤原實資，在其日記《小右記》中責難：「是檢非違使等不勤職掌之所致也（由於檢非違使工作不認真所導致）」，但這樣的說法未免過於苛責。人手嚴重不足的檢非違使面對群盜毫無勝算，當然也不可能維持工作熱忱。

至此，朝廷已束手無策。朝廷制度中已沒有足以與群盜抗衡的武力，不過人們在制度以外的地方，看見了最後一絲希望——那就是在九世紀末出現的武士。

武士的出現——誕生於各地的殺手鐧

武士是在各地自然形成的強悍戰士。所謂的武士，其實是從京城來到地方、屬於貴族旁支的王臣子孫，與身為當地領導者的郡司富豪階級及武人輩出的氏族（世代繼承高度武藝的傳統氏族）通婚之後，形成的武人領主集團。他們打出王臣子孫的旗號，徹底利用其尊貴的身分（以及因此身分而擁有的特權及與中央的良好關係）。郡司富豪階級與武人輩出的氏族，將自己的女兒嫁給王臣子孫，成為王臣家的母系血統，讓整個家族被納為家臣（隨從）；他們貢獻出自己在地方上的影響力、人脈以及武藝，雙方逐漸成為命運共同體。王臣子孫與武人輩出的氏族皆來自京城，但郡司富豪階級則完全是當地出身，因此武士可說是來自京城的王臣子孫將血統注入名為地方的土壤後，所誕生的一群人，亦即京城與地方的混血兒[33]。

而促使京城中的朝廷注意到這些武士的直接契機，正是群盜問題。在九世紀末的宇多天皇時期，群盜問題的嚴重性可說已達到巔峰。寬平元年（八八九），東國出現一名勢力龐大的群盜首領，名為物部氏永。他以信濃、上野、甲斐、武藏為根據地作亂，使東國陷入無政府狀態，超過十年都無法平定，堪稱史上最大規模的群盜蜂起事件。為此，宇多天皇創立了一個直屬天皇的單位，名為「藏人所」，並在此設置「瀧口武士」。這正是上述在各地形成的武人集團第一次被稱為「武士」的瞬間。群盜的脅威，迫使宇多天皇認真思考該如何保衛京城，於是在朝廷的號召之下，武士自此開始在京城出沒。

武士主要出生、成長的關東地區（當時稱為東國或坂東），是馬匹和騎馬戰術自五世紀左右傳入日本列島以來，「牧」（生產軍馬的設施）分布最密集的地區。從小在資源充沛的良好環境下學習弓箭、馬術的他們，武藝十分高強。其中，藤原利仁成為坂東的國司[34]，擊退群盜，戰功顯赫；平將門則以武力稱霸整個關東，一掃坂東的群盜，包括物部氏永的餘孽在內。

加強宮城的戒備，是為了防止平將門的侵襲

群盜的問題總算獲得解決，然而接下來的發展卻任誰都料想不到——對朝廷而

言，平將門本身竟成為了比群盜還要頑強而棘手的敵人。天慶二年（九三九）尚未入冬時，平將門鎮壓坂東後，便自朝廷獨立，即位為「新皇」，向外宣稱自己建立了新政府。朝廷面臨史上空前的危機，被迫緊急在京城建構防衛措施。

隔年，也就是天慶三年的正月，朝廷首次在「宮城十四門」配置士兵[35]。宮城意指大內裡（天皇的住處與官廳區），出入該處的大門稱為宮城門，南北各有三道，東西各有四道，共計十四道門。當時朝廷的主導者——攝政藤原忠平之所以加強宮城門的警備，是因為他已覺悟天皇宮殿隨時有遭受攻擊的危險。

這些宮城門原本稱為「宮城十二門」，位在東面與西面最北側的上東門和上西門，過去並不存在。據說這兩道門，是當初將平安京與大內裡的範圍往北延伸時所增設的，但只是在牆面（土牆）鑿洞權充的簡陋土門，連門扉都沒有設置。倘若爆發戰爭，這樣的城門實在太危險，因此藤原忠平便派人安裝門扉，並在所有宮城門上方設置「矢倉」[36]。矢倉是一種從制高點偵察遠方，當敵人入侵時，便以弓箭應戰的守城設備。不過，當時朝廷可能研判東方勢力平將門並不會太快入侵，因此每道宮城門配置的士兵人數僅有兩人[37]。

相對地，西部則情勢告急，藤原忠平在淀川沿岸的山崎、攝津的川尻（淀川的支流，神崎川的河口，注入大阪灣的大物浦港口附近。現在的兵庫縣尼崎市）、瀨戶內海的備後等地點鞏固警備。而此時藤原純友又在瀨戶內海發起叛亂，朝廷被迫同時開闢兩條戰線，因而陷入困境。東邊的平將門是騎兵軍團，但西邊的叛軍則是海賊，亦即海盜。海賊能自由操控船隻，任何有海或河的地方他們都可能出現，同時機動性極高，倘若試圖鎮壓，他們便會立刻四散，不見蹤影，可謂神出鬼沒。若海賊從瀨戶內海來到大阪灣，再沿著淀川逆流而上，隨即就能抵達平安京的近郊，因此藤原忠平急於加強防備也是理所當然。

一掃地方群盜的武士，與清除京城群盜的瀧口武士

天慶三年（九四〇）二月，在當地擁有龐大勢力的藤原秀鄉打敗平將門，朝廷也因此得以將所有兵力全數投入西邊戰線。歷經一年多的激戰，天慶四年六月，藤原純友終於在伊予落敗。有一說認為他是被捕之後病死，另一說則認為他死於戰場，但總

之最後進入京城的，只有藤原純友的首級。

這場空前的危機終於在此落幕，坂東的群盜問題也在非預期的狀況下解決了，實為意外的收穫。這是因為，正如前文所述，平將門一掃群盜後，自己又被打敗的緣故。此外，由於像藤原秀鄉一般強大、實力足以打倒平將門的武士愈來愈多，並成為東國的國司，群盜問題在東國逐漸變得微不足道，在其他諸國亦漸漸平息。

剩下的問題，就是京城裡的群盜了。藤原純友死後一年，也就是天慶五年（九四二）六月，衛府已不再執行夜行，馬寮也不再提供馬匹，即使朝廷下令勵行，也起不了作用。狀況再次演變為「近日京中群盜多聞」，任由群盜橫行。於是，朝廷每晚動員四名瀧口武士，在四個衛府各安排一人陪同夜行[38]；想當然爾，這樣的人力配置根本稱不上是「增強武力」。事實上，瀧口武士原為天皇的親衛隊，值勤地點皆在天皇生活起居的空間，也就是大內裡，在廣大京城中巡邏，打從一開始就並非瀧口武士的職責。因此，瀧口武士真正的任務，極可能是監督衛府，以防他們怠忽職守。

即使如此，瀧口武士仍對維護治安有著直接的貢獻。長和六年（一〇一七）正月，天皇的居住區域發生竊盜案，當時兩名瀧口武士直接以弓箭制服盜賊；這正是瀧口武士發揮專長的例子，也是他們存在的意義[39]。正曆四年（九九三）十二月，權大納言藤原伊周的住宅遭竊，隸屬於「瀧口眾（武士）」的紀守親與中原某以弓箭攻擊竊賊，將其逮捕[40]。上述事蹟顯然對維護京城的治安貢獻良多，或許是他們在夜行時正好目擊犯罪現場，卻看不下去衛府的無能，所以才親自動手吧。

名為武士的雙面刃——深植於天性的反社會性

瀧口武士打從骨子裡具有武士的特質，天性好勇鬥狠，因此有個極大的缺點——他們往往只因為一些微不足道的理由而爆發衝突，甚至不惜殺人。這種武士特有的行為模式，嚴重擾亂了京城的治安。其實在上述藤原伊周宅邸的竊盜事件中，兩名瀧口武士也起了口角。根據記載，當時兩人乃是針對「射」爆發爭論，故可推測爭論內容可能為「是誰先射出弓箭／是誰射出的弓箭制服了竊賊」。七年後的長保二年（一〇〇〇），擔任周防介的瀧口武士惟宗行賢因為與瀧口藤原親光惡鬥，而遭到流放、除籍（剝奪藏人所職員的身分）。

源滿仲宛如「殺死蟲蟻」一般，輕易殺害令他看不順眼的人，連其子源賴親都揶揄他是「殺人高手」，由此可知武士天生衝動好鬥，殺人不眨眼。這種好鬥的個性根植於武士的天性之中，任誰都無法阻擋它促使武士走上反社會的這條路。在卸職的瀧口武士當中，有人轉而成為盜賊，陷入被逮捕、逃獄、再入獄的循環之中[41]；天喜二年（一〇五四），甚至有人在里內裡（京城中，朝臣提供天皇暫居的宅邸）的高陽院縱火，導致屋舍全數燒燬[42]。換言之，在原本應該負責保護天皇的瀧口武士之中，竟然摻雜著一些不肖分子，在卸職後立刻做出危害天皇安全的行為；甚至有人連卸職都等不及，就開始為非作歹。寬和二年（九八六）六月，濟子女王（醍醐天皇之孫）因擔任伊勢齋宮（被派遣至伊勢神宮的皇族未婚女性）而暫時搬入設置於京城郊外的「野宮」，進行齋戒一年，而當時擔任護衛的瀧口武士平致光卻與她私通[43]。平致光是著名的武士平致賴之子[44]，他就連在擔任瀧口武士的期間，也曾做出敗壞治安的行為，甚至滿不在乎地玷污為了祭神而潔身齋戒中的女性皇族。

將武士任命為瀧口武士，等於刻意忽視武士的反社會性格，草率地提供他們某種正當性，藉此利用他們的武力。這就像是為了應急，而在危險的金屬表面鍍上一層保護膜，但一不小心就會剝落。利用武士維護治安，可說是一把雙面刃，亦是一種賭注。

武士獲得武裝出入宮中、後院的特權

話雖如此，人們逐漸導出一個結論：就算常惹麻煩，武士仍是維護治安唯一可靠的人選，也就是利遠遠大於弊。圓融天皇在位時的貞元二年（九七七）十一月，朝廷開了特例，允許瀧口武士攜帶弓箭出入內裡[45]，便是佐證。原本除了近衛府的武官及特別獲准帶劍的人之外，任何人都不得武裝進入內裡，如今就連這項規定都破例了，由此可知瀧口武士的存在實為不可或缺。

事實上，不止內裡，原本整個京城都禁止武裝。奈良時代的天平寶字元年（七五七），朝廷規定在平城京裡「除武官以外，不得京裡持兵，前已禁斷，然猶不止，宜告所司固加禁斷。京裡廿騎已上，不得集行（除武官外，京城中嚴禁武裝，亦禁止二十名以上的騎馬者聚集或一起行動）」[46]，此規定一直沿用至平安京。天元六年（九八三）二月，「京中畿內帶弓箭兵仗之輩，可捕糾之由，被下宣旨於檢非違使（檢非違使奉命糾舉在京中與畿內攜帶弓箭等武器者）」，也是該制度的一環[47]。這應是由於攜帶弓箭者，也就是群盜，在京中與畿內橫行的關係。

然而，四年後的寬和三年（九八七）三月，有「武者十人」奉命攜帶弓箭，以武裝之姿負責守護朱雀院[48]。朱雀院是「後院」之一，所謂的後院，就是天皇預定在退位後隱居的住所。或許是當時的朱雀院無人看管，朝廷擔心它被盜賊占據吧。有趣的是，當時因為擔任守衛而獲准武裝的十個人，並未具備瀧口武士等特別的頭銜，而只是單純的「武者（武士）」。由此可知當時朝廷已打定主意，無論武士是否擁有官職或頭銜，只要找到正當的理由，都可以讓他們武裝，負責護衛工作。武士有「弓矢之士」的別稱，隨身攜帶弓箭的武裝，正是武士身分的證明，而他們的武藝長才也在京城中得以發揮。至此，無論是在宮中或京城內，都必須全面仰賴武士，才能維持良好的治安。

朝廷跳過官職制度，直接任命武士

這種指派武士的方式，可以追溯至半個世紀前的純友之亂。天慶四年（九四一）六月，朝廷「於右近馬場試瀧口中戶諸家及貞盛朝臣兵士」[49]。所謂的「試」，是指武術的「術科考試」；由於考試會場在右近馬場（右近衛府的馬場），故可推測應是騎射術的測驗。這場測驗是為了與藤原純友展開決戰所做的準備，不過平貞盛的官職是右馬助，職務是管理天皇的軍馬，而非戰鬥，然而朝廷卻無視其職務，要求平貞盛等武士以個人身分聽命。更嚴謹地說，朝廷乃是有計劃地將武士與追隨該武士的同門一族及「郎等」（隨從）視為一個團體，稱之為「家」，並藉由掌控一家之長，安排他們投入實戰。

一旦跳過官職制度，直接掌控武士，官職自此便徒具形骸，但朝廷對此卻視而不見。當時衛府早已形同虛設，因此不刻意勉強配合舊制度，而由天皇（的代理人——攝政）直接指名，藉由天皇的命令委派工作，的確更為簡單輕鬆。

於是，在承平、天慶之亂的中後期，朝廷開闢了一條直接命令瀧口武士＋非瀧口武士，亦即所有武士的道路。九四六年之後，讓武裝的武者鎮守朱雀院的事實，正是此狀況的延伸。一旦轉換了方向，朝廷便再也無須介意既有的制度，從此可以隨心所欲地動員武士——至少朝廷是這麼相信的。

一條天皇在位時的正曆五年（九九四）三月，京城中與畿內諸國展開了一場大規模的盜賊搜索行動。此行動依照慣例由六衛府與馬寮負責，但有一個地方與以往不同：朝廷同時派遣了「武者源滿正朝臣、平維將朝臣、源賴親朝臣、同賴信等」[50]，以獨立部隊的身分參與行動[51]。在清和源氏一族中，首名成為武士（兵）的源經基一生無所作為，甚至遭批「未練兵道」[52]；不過到了其子源滿仲這一代，地位便急速攀升，成為武士的代表。根據記載，源滿仲應是在三年後的長德三年（九九七）才過世，然而他卻沒有被列在上述動員的武士之中。據傳他晚年出家，隱居於攝津的多田，因此在當時可能已經引退，交棒給其弟或子嗣了吧。上述的源滿正（滿政）是源滿仲之弟，而源賴親、源賴信則是源滿仲的次子與三子。平維將是平貞盛之子，故可推測平貞盛一家也已經世代交替。

於是，著名的武士代表——清和源氏與桓武平氏，便從此進入京都的行政中樞，迅速地成為主角。

宣告京職及衛府死亡的攝關政治

當時主導朝廷的，是已步入晚年的關白藤原道隆；隔年，藤原道隆、藤原道兼兄弟因罹患傳染病而相繼過世，於是兩人的弟弟藤原道長便成為最高掌權者。在源滿仲及平貞盛之子這一代，武士藉由與攝關政治，尤其是與藤原道長之間的緊密關係，對攝關政治貢獻良多，藉此獲得龐大的利益與權力，形成一股不可忽視的勢力。同時，地位被武士占據的京職與衛府，也逐漸離開了維護京城治安的行列。

寬仁三年（一〇一九）四月，群盜在京城各處縱火，火勢大範圍延燒，因此檢非違使展開夜行，搜索縱火犯[53]。五年後的治安四年（一〇二四）三月，強盜闖入京城裡的某戶住宅，挾持一名女性作為人質，最後遭到逮捕、處死，並將首級示眾[54]。在上述事件中參與行動的只有檢非違使，而不見京職或衛府的身影。在當時維護治安的行動中，就連檢非違使的主角寶座都快被武士搶走，早已形式化的京職與衛府當然不在動員之列。縱火事件發生的寬仁三年，正是權力達到巔峰的藤原道長出家的那一年，而挾持人質事件發生的治安四年，則是藤原賴通在其父藤原道長的輔佐下，年紀輕輕便接任關白的五年之後。我們或許可以說：藤原道長宣告了京職與衛府的死亡。

藤原道長之子藤原賴通持續掌權很長一段時間，長和六年（一〇一七），當時二十六歲的他開始攝政，到了治曆三年（一〇六七）辭去關白時，他已七十六歲，也就是掌握政權長達五十年。根據紀錄，長曆四年（一〇四〇）十一月，縱火案頻頻發生，他曾下令檢非違使執行夜行[55]；在我所知範圍內，這正是夜行的最後一次紀錄。警察機關的夜行制度隨著攝關政治的式微而落幕，結束其在歷史上扮演的角色。這與接下來的院政更肆無忌憚地掌控武士、任意動用警察、發動戰爭的作為，有著互為表裡的關係。

儘管武士幫攝關家解決了群盜問題，但以結果而言，他們也從攝關家奪走了日本統治者的地位。伴隨著攝關政治的萌芽而產生的群盜問題，對於攝關政治而言，就像是先天性的不治之症。而早在攝關政治期間，這種武士思維便已開始逐漸滲透京城，而那正是平安貴族最厭惡的事情——名符其實的「血腥與污穢的展示」。

首級在平安京示眾的第一人——平將門

武士登場之後，平安京這個「劇場都市」便增加了新的演員和劇目。然而由於反映出了武士本身的異質性，這些新增的劇目也同樣不尋常，或說極為詭異。

武士在平安京這座舞臺上演出的第一場秀，就是「首級示眾」。據我所知，首次在平安京示眾的，就是平將門的首級。天慶三年（九四〇）四月，在下總打敗平將門的藤原秀鄉，將其首級帶回京城作為證據[56]。平將門的首級被交給市司，之後便被懸掛在東市的樹上。古時男性皆留長髮、盤髮髻，故當時可能是將首級的髮髻解開，將長髮綁在樹枝上。高掛首級的目的，乃是「令見諸人（讓民眾看見）」[57]。這是一場由朝廷官方主導的秀，而之所以選擇在市場示眾，是因為這麼做對京城民眾的宣傳效果最大。不過，古代日本並沒有公開處刑的制度，文獻中並無在市場執行死刑的紀錄。

嵯峨朝大同五年（八一〇）發生藤原藥子之變後，朝廷便不再做出死刑的判決，因此不少歷史學家主張「從藥子之變至十二世紀中期的保元之亂，死刑制度遭到廢止」，但嚴格來說並非如此。當時為將門之亂傷透腦筋的朝廷，曾公告「討伐將門者可獲獎賞」，於是「殺死將門」便成為一種名為「追討（追擊、誅討對方）」的合法行為。所謂「追討」，是指在非戰爭狀況下制裁罪犯，也就是依照法律及程序殺害特定對象的法律行為。由朝廷發布的公告：「一旦發現將門，任誰皆可執行死刑」，可知平安時代仍有死刑制度。因此藤原秀鄉憑實力處死平將門後，便把可作為證據的首級送回平安京。

將首級送至獄門（拘留所）成為一種固定模式

這種模式一旦建立，日後只要叛亂分子或群盜遭到追討，他們的首級就會被送到京城。平將門死後的隔年，也就是天慶四年正月，前山城掾藤原三辰的首級從伊予被送至京城。正如文獻記載，他是「海賊（海上的群盜）之中暴惡者也」[58]，又是藤原純友的同黨，因此令朝廷感到十分頭痛。半年後，則是藤原純友及其子藤原重太丸的首級被送至京城。「在武士的追討下，逆賊的首級被送至京城示眾」的模式，在當時形成一種範本，後人從此依循此模式行事。

此模式與「獄門」這個關鍵字產生密切的關聯，是在半個世紀後的事。正曆三年（九九二）冬天，海賊在瀨戶內海作亂，綁架了阿波守藤原嘉時。當時掛著「阿波國海賊追討使」頭銜的源忠良，帶回了超過二十名俘虜，以及多達十六人的首級。這些首級先被放在「東獄門前」一段時間，之後才交給東、西市司[59]。「獄」是牢獄的意思，「東獄」是位於左衛門府的牢獄（右衛門府則有西獄。請參照圖1），至此，才首度出現在「獄門」將首級示眾的形式。

由於文獻中使用的字眼是「置東獄門前」，故可判斷當時應是將首級置於地面或桌面上。從沒有掛在樹上這一點，以及這些首級最後確實在市場上示眾這一點看來，可知在此之前，「獄門」應該只是暫時保管首級的場所。這或許是因為當時的獄，已不是受刑人的監牢。當時由於審判速度過慢，獄中囚犯人滿為患，獄成了留置尚未接受審判、罪名及刑責皆未定之被告的拘留所。既然如此，當罪犯尚未接受審判便死亡時，他們的首級應該也是以相同方式處理。上述被帶回京城的十六個首級，應該不可能全都是遭到指名追討（死刑判決確定）的罪犯。唯有遵循法律程序，將這十六人的姓名與罪狀公開，才能讓此事成為合法的刑罰，而非單純的殺人或私刑。因此我們可以合理推斷，在辦理上述手續的期間，這些尚未定罪之被告的首級，只是暫時放置在獄門，等「應處死刑＋首級示眾」的判決確定後，才會被送至市場執行刑罰。換言之，當時的獄門只是「首級的拘留所」。

三十九年後的長元四年（一〇三一）六月，源賴信提著平忠常的首級入京。源賴信是當時勢力最強的武士之一——源滿仲之子，而平忠常則是平將門的叔父——平良文之孫。平忠常在房總半島坐大後，便與國司對抗，甚至做出燒死安房守的暴行，因此朝廷下令源賴信追討平忠常。平忠常過去曾是源賴信的隨從，因此源賴信展開追討後，平忠常便立刻投降，隨源賴信上京，但途中卻在美濃病死[60]。源賴信切下平忠常的首級，將他的軀體下葬，只帶著首級返回京城。源賴信斬下平忠常的首級，並非為了懲罰他，而是因為假如將病死的平忠常全屍安葬於當地，可能會使人懷疑源賴信私下放走平忠常。因此，他應該是為了證明平忠常已經不在人世，才特地帶回首級的。平忠常生前投降的行為獲得正面評價，因此他的首級並未在市場示眾，而是交給了平忠常的隨從[61]。

前九年合戰與凱旋遊行慣例的形成

天喜四年（一〇五六），源賴信之子——曾任陸奧守的源賴義，與統治陸奧內陸地區的安倍氏展開一場大戰，史稱「前九年合戰」。源賴義歷經一番苦戰，最後在鄰國出羽的清原氏助陣下，在康平五年（一〇六二）贏得勝利。在這場戰爭中，安倍氏陣營的陣亡者總計數百人，然而源賴義在交給朝廷的報告書上列出的「誅討」人數，卻只有九人[62]。而他帶回京城的首級，則只有敵軍主將安倍貞任、其弟安倍重任，以及安倍貞任的妹婿藤原經清等三人；或許是因為朝廷指名追討的對象只有這三人的緣故。

戰爭結束後，源賴義聲稱他必須留在陸奧處理後續事宜，因此命令一名叫做藤原季俊的家臣（隨從）將首級送回京城。藤原季俊之所以被選為使者，是因為他的職位是「傔仗」。傔仗隸屬於負責維護東北地區治安的鎮守府將軍，而源賴義正是。在為數眾多的家臣當中，源賴義特地指派身為傔仗的藤原季俊擔任使者，顯示藤原季俊乃是代表鎮守府將軍的公務使者，而非代表源賴義個人的使者；換言之，將首級送回京城，乃是鎮守府將軍的職責。

上述三人的首級，是在戰爭結束隔年的康平六年（一〇六三）二月中旬，才送達京城的。當時首級入京的排場極為講究，既高調又誇張，吸引大批群眾圍觀，萬人空巷。朝臣源俊房在其日記《水左記》中鉅細靡遺地描寫當時他目睹的狀況，據我所知，此為最早描寫凱旋歸來的軍官在京城舉行儀式的珍貴文獻。

根據記載，凱旋遊行的情況如下：藤原季俊一行包括騎兵兩人＋步兵二十餘人，其中騎兵是擔任傔仗的藤原季俊以及擔任軍曹的某人（姓名不詳）。軍曹也是鎮守府的職員，再度顯示這項任務乃是鎮守府將軍的公務。當時戰爭已經結束兩個多月，京城一帶也毫無軍事上的危機，藤原季俊一行卻特意穿上甲冑，以全副武裝之姿回京。這無疑是在突顯自己乃是鎮守府的職員，而非單純只是國司的家臣或官員，意圖強調源賴義以將軍身分立下的顯赫功績。正如文獻所記載的「殊耀武威（展現出格外耀眼的軍武威風）」，他們刻意塑造的形象，確實成功在京城民眾心中烙印下「可靠的官軍」的印象。

位於平安京三條大路東側盡頭的粟田口（圖1），是從東海道、東山道、北陸道進京時的交通要衝；從東方進京時，假如不走旁邊的志賀越（通往近江的坂本），就必定要經過粟田口。粟田口位在粟田山（日岡）的山麓，而人們想從京城前往東方時，則必須穿過粟田口，再越過粟田山的溪谷（松坂、日岡峠），才能抵達山城國宇治郡的山科鄉。京城的居民，經常在粟田口迎接來自東方的親友[63]。

帶著安倍貞任等人首級的藤原季俊一行人，從粟田口附近的「粟田山大谷北丘上（鄰接粟田山溪谷北方的丘陵）」現身，在丘陵上「踟躕徘徊」。上述紀錄的源俊房，則是躲在一旁偷看這一切。

一行人抵達京城的東側入口後，並未立刻進京，而是刻意在顯眼的高處逗留的行為，毋庸置疑是裝模作樣，打從一開始就預設民眾會圍觀。他們將三人的首級插在「鋒」（刀刃，由後述源義綱的例子可推測應是矛）上，高高舉起。此舉顯然是向圍觀群眾誇示戰功，換言之，他們以那座山丘為舞臺，演出了一場精彩好戲。顯而易見地，策劃這場在行政流程中非必要的秀，並吸引大批群眾圍觀的他們，絕對很清楚自己是在演出一齣名為「偉大將軍凱旋」的戲碼。而他們在日落後，亦即民眾已看不清楚他們身影的時候，便隨即進入京城的這一點，也可以證明他們的行為確實是作秀。

帶著首級在京城中遊街示眾的凱旋遊行

演出結束後，藤原季俊一行人便在四條大路與京極大路的交叉口（現在的四條河原町附近），也就是鴨川河岸附近，將三個首級交給檢非違使。在今天，京極是京都最熱鬧繁華的地區，而正如其名，它位在「京之極（終點）」，亦即平安京的邊界。之所以選擇在此地交付首級，是因為京城內與犯罪相關的事務，皆由檢非違使處理。他們將首級從刀刃上取下，改插在檢非違使的「鉾（矛）」上，由「著鈦」負責高舉。「著鈦」的原意是「判決確定後，為犯人上腳鐐並收監」，不過這裡指的是上了腳鐐的囚犯。

之所以特地派囚犯來運送首級，應是顧慮「穢」的問題。在攝關政治的巔峰期，宮廷裡忽然開始高度重視「穢」的概念[64]。當時人們認為，死者、流血的人與犯罪的人皆帶有穢氣，一般人倘若接觸到他們，就會感染其穢氣，更會繼續傳染給其他人，因此大家對這些污穢者避之唯恐不急。不過，囚犯本來就帶有穢氣，就算接觸死者的首級也沒有關係，所以才被視為最適合運送首級的人選吧。

三名囚犯各拿著一支刺著首級的矛，走在最前面的囚犯，拿的是安倍貞任的首級，緊接在後的兩人分別拿著安倍重任與藤原經清的首級。如此一來，圍觀群眾便能判斷走在最前方的人手中的首級，就是叛軍的領袖。此外，每一支矛上還掛著牌子，上面寫有該首級主人的姓名，讓一般民眾也能知道叛賊的長相與姓名。

個人資料被公開的三個首級，分別在隨行人員的陪同下，形成不同的隊伍，緩緩前進。持矛的囚犯前後各有兩名「看督長」隨行，看督長是檢非違使的基層職員，負責看守牢獄、進行犯罪搜查或追捕犯人，據說他們大多個性火爆，民眾一方面覺得他們可靠，另一方面又很懼怕他們。在當時，他們可能是為了提防拿著首級的囚犯藉機逃亡，因此目露凶光吧。

跟在他們身後的，是十多名「放免」。正如字面所示，放免是指服刑結束後出獄的更生人，他們加入檢非違使，擔任最基層的實戰部隊。這些人同樣大多性情暴戾，在檢非違使廳工作期間再次犯罪的狀況並不罕見，而且無論是前科或再犯，大都是窮凶惡極的重罪。檢非違使會僱用這樣的人，應是為了讓這些不在乎穢氣的人負責「污穢的工作」吧[65]。

這三支各以十餘人組成的隊伍，以高高舉起的囚犯首級為中心，前後有看督長及放免隨行，彼此拉開距離，走在京城的街道上。這完完全全是為了讓民眾欣賞的表演，更是刻意誇示戰功的遊行。

為這齣勸善懲惡的大戲陷入瘋狂的民眾

圍觀群眾可謂為之瘋狂。貴人把車（牛車）停在路邊當作觀眾席，無車可乘的一般民眾，則坐在馬上；所有的居民不分貴賤或僧俗，皆聚集於此觀看，《扶桑略記》記載：「見物之輩貴賤如雲」。當時的人牆，竟從粟田口附近一直延伸至京極大路，將京城擠得水洩不通，摩肩擦踵，「奔車之聲，晴空聞雷，飛塵之色，春天拂霧（現場的喧囂宛如雷鳴，揚起的塵煙彷彿春天的霧靄一般）」。

這場遊行中，有遵照自己被分配到的角色，做出單具象徵性（實務上沒有必要、過剩的）舉動的「演員」，也有對他們的舉動滿懷期待，蜂擁而至，定睛細看，為之瘋狂的「觀眾」；倘若背後真有一名刻意安排此場景的「導演」存在，那麼我們確實可以將這場遊行視為一齣「戲劇」。而這齣戲上演的平安京，當然就是一座劇場了。這齣名為前九年合戰的精彩表演，就像每隔幾年就會出現一次的電影巨作。也許是因為它太過稀奇，讓民眾不禁感到「有生之年可能再也沒機會遇到這種事件」，所以才會如此熱狂吧。

當時也是圍觀群眾之一的源俊房自豪地寫道：「於戲『皇威（天皇的威嚴、權威）』之在今，更不耻於古者歟（當今天皇的皇威，豪不遜色於古時的聖王）」。這正是當時看熱鬧的民眾所渴望的故事，也是演出者想讓民眾留下的印象。正義最後必能獲勝，而我們就是正義的一方——這種勸善懲惡的故事，正是每個人都想看的。

在運送首級回京的過程中，安倍貞任的首級被放在箱子裡，由他的隨從負責搬運。一行人即將抵達京城時，在近江的甲賀郡，藤原季俊命令該隨從「洗梳其髻（將首級的頭髮洗淨，並用梳子梳開）」。隨從表示沒有梳子，藤原季俊道：「汝等有私用櫛，以其可梳之（那就用你私人的梳子幫他梳吧）。」隨從不禁流淚感嘆：「吾主存生之時，仰之如高天，豈圖以吾垢櫛恭梳其髮乎（我的主人生前宛如天一般崇高，我作夢也沒想到，如今竟淪落到必須用我這粗鄙的梳子替他梳頭）。」據說他悲痛的模樣令人不忍，在場的其他人也紛紛跟著落淚[66]。

上述情節發生時，周圍並沒有群眾圍觀，因此並非刻意演出；目睹這件事的，應該只有同行的鎮守府職員。不過，記載此情節的《陸奧話記》，乃是根據源賴義向朝廷提出的報告書以及「眾口之話（人們口耳相傳的故事）」所撰，因此可以確定，當時的少數幾位目擊者將此事視為一樁美談，並在京城裡傳播。

就這樣，平安京漸漸成為一座舞臺，上演著由按照劇本演出的劇目與即興演出的逸事交織而成的武士專屬大戲。過去在承平、天慶之亂時並未出現的這種現象，之所以在此時發生，很可能是由於武士已慢慢扎根於平安京的關係。

在過去的承平、天慶之亂中，平將門、藤原純友及官軍，皆不是京城出身。尤其是平將門，他在東國舉兵，後來遭同為東國的藤原秀鄉鎮壓，最後只有首級被送至京城；而藤原秀鄉在戰爭結束後也不曾踏出坂東一步，以結果而言，將門之亂自始至終都發生在東國。武士那足以演出一場秀並留下紀錄的實力，本來就是在京城之外的各地培養的，理所當然絕大部分的戲碼都在各地上演，平安京不太可能成為舞臺。

然而，從他們的下一代，也就是源滿仲的世代開始，源氏便以**平安京為主要根據**

地，慢慢累積勢力。他們為了平定各地的叛亂而下鄉，贏得戰爭後再班師回朝；在這一點上，他們不同於當初只將首級送回京城的外地人藤原秀鄉，而京城也無可避免地成為了用來誇耀勝利的舞臺。

承攬「追討」任務的源義家

源賴義的長子源義家在前九年合戰中驍勇善戰的表現，使他深獲青睞，從此成為奉命追討叛賊的主力。前九年合戰的凱旋遊行結束後七年，也就是延久二年（一〇七〇），藤原基通在陸奧發起叛變，於是朝廷指派源賴俊（源滿仲的次子，源賴親之孫）擔任陸奧守，命其追討叛賊。當時正好在陸奧南方的下野擔任下野守的源義家，以電光石火般的速度進軍陸奧，源賴俊都還沒抵達，藤原基通便已投降。然而，儘管朝廷表示追討已完成，應就此打住，但陸奧守源賴俊卻無視命令，以斬草除根為名堅持繼續追擊（而行屠殺之實）。當時源義家與源賴俊曾聯絡京城，表示將帶著首級與俘虜班師回朝，想必他們打算像前九年合戰時一般，在京城舉行凱旋遊行67。不過之後的發展文獻上並無紀錄，因此實際狀況不得而知。

九年後的承曆三年（一〇七九）秋天，源義家遠赴美濃，追討一名叫做源重宗的武士；源重宗之所以遭到追討，是因為他襲擊了另一名武士源國房的宅邸，又拒絕向朝廷自首。源重宗先是竄逃，最後放棄與源義家對決，自行前往京城自首，被送入牢獄；而源國房也以「於美濃國擅興軍兵，合戰之過也」的罪名遭到逮捕[68]。源義家當時既不是剛好在美濃附近，而且根本身無官職，朝廷卻仍指派他此任務。換句話說，源義家就像是個以京城為根據地，以個人身分承接朝廷所指派之追討任務的「承攬人」。

最關鍵的重點是「承攬」。倘若未經朝廷認可就任意發起戰爭，即使是源義家，也不會被當成英雄。在「後三年合戰」中，源義家正是因此而跌了一大跤。

因為輕忽法定程序而失敗的源義家

安倍氏在前九年合戰中敗陣後，其勢力範圍便由清原氏繼承；而後三年合戰的起因，便是清原氏的內亂。當時擔任陸奧守鎮守府將軍的源義家也被捲入這場紛爭，難以抽身，只好繼續介入。這場戰亂最後演變成源義家＋藤原清衡（前九年合戰時首級被送至京城示眾的藤原經清之子）與清原家衡（藤原清衡的同母異父弟弟）＋清原武衡（清原家衡的叔父）的衝突，最後由源義家、藤原清衡陣營獲得勝利，清原家衡戰死，清原武衡則當場被逮捕並遭處刑。始於永保三年（一〇八三）的這場戰爭，在寬治元年（一〇八七）冬天結束，歷時長達四年。

贏得勝利後，源義家的軍隊便隨即斬下清原武衡、清原家衡的主要郎等共四十八人之首級，擺在源義家的面前[69]。於是源義家帶著大量的首級踏上歸途，返回京城。我們可以推測，源義家想必是打算效法在前九年合戰獲勝的父親，在京城的凱旋遊行中展示這些首級吧。然而，源義家一行在返回京城的途中遇到朝廷派出的使者，被告知「此次戰爭與朝廷一概無關」。此時，源義家才發現自己的認知有著根本上的錯誤。一直以來，源義家似乎單純地認為：只要公然與身為陸奧守鎮守府將軍的自己為敵，就是朝廷的敵人；不過朝廷的認知卻並非如此。

在過去，完全否定天皇地位並自稱「新皇」的平將門，以及殺害國司的平忠常，都是毋庸置疑的逆賊；前九年合戰時，安倍氏也確實因為奪走了本應上繳國府的所有稅收[70]，最終被認定為叛亂。然而後三年合戰中，卻沒有如上述般明確的叛變事實。換句話說，不同於上述的三起叛亂，這場戰爭中不但缺少了認定清原武衡與清原家衡與朝廷敵對的程序，也沒有正式的追討命令。正如源義家自己也在報告書中所承認的：「清原武衡、清原家衡之謀反，比起安倍貞任、安倍宗任有過之而無不及。我僥倖以一己之力平定動亂，盼能儘速獲得追討之官符，以回京獻上首級」，也就是說源義家沒有獲得追討命令，就自作主張地發起戰爭，殘殺對手，又在一切結束後，要求朝廷發出追討命令。

然而，叛亂者的認定必須經過許多流程。平將門之亂時，最初舉發叛亂的是源經基，接著攝政藤原忠平便開始進行審查，透過要求東國的諸國司以文書提出證詞等方式，鉅細靡遺地調查，以確認舉發內容的真偽；甚至為了防止不實舉發，拘押了源經基。叛賊的認定並不如源義家所想的那麼簡單，他輕忽了這一連串繁複的手續。此外，「清原家衡似乎只是源義家個人的仇敵」的傳聞，也早在漫長的戰爭過程中傳入了京城。因此，朝廷判斷此事為私人之間的戰爭，決定不予過問。一個地方行政官，當然不能憑一己之意宣稱自己的仇敵就是國家的仇敵，更不能獨斷地殺害對方。

於是源義家的回朝，被認定為「殺戮集團目無法紀的橫行」，而非「偉大官軍的凱旋」，最後源義家一行只好將首級棄置路旁，落寞地返回京城。

我想請各位讀者注意的是，這件源義家的醜事，發生在寬治元年（一〇八七）。那一年是堀河天皇即位後的第二年，更重要的是，亦為堀河天皇的父親——白河上皇開始院政的第二年。換言之，從這個時候開始，政治制度已由攝關政治大幅轉向，進入院政時代；而源義家則陰錯陽差地沒有跟上這個轉向。

這對朝廷而言也是個傷腦筋的問題，因為源義家在後三年合戰中失去朝廷的信賴後，國家就等於喪失了以個人身分承攬追討任務的最佳武士人選。為了守護朝廷、天皇及國土的治安，朝廷的當務之急，就是尋找能夠替補源義家的人才。

武士的名字為何都叫做「〇〇衛門」、「〇〇兵衛」？

於是白河院看上了源義家的弟弟——源義綱。源義綱曾與源義家在前九年合戰中並肩作戰，年紀輕輕就因為戰功彪炳而被任命為左衛門尉，名聲顯赫。

源義綱曾是左衛門尉這一點相當重要，因為武士被任命為衛門尉或兵衛尉（衛門府或兵衛府的三等官）的例子，正是從這個時期開始急速增加。

如前所述，在平安時代初期，身為衛府主要戰力的舍人已經墮落到無可救藥的地步。當時增設瀧口武士，就是為了改善衛府的成效，然而瀧口武士頂多只能監督衛府，只要衛府的成員（舍人）一天不變，照理說衛府的腐敗衰亡就不會有停止的一天。如此一來，結論便很明顯：不要再拐著彎讓武士監督衛府，而是直接將武士任命為衛府的官員，才最具效果。

於是在攝關政治的尾聲，便開始出現將武士任命為衛府的例子。朝廷希望他們負責維護京城中的治安，而最快的方法，就是讓他們兼任檢非違使。檢非違使必須由衛門府的官人兼任，因此首要之務便是讓武士進入衛門府任職。在官階上屬於「六位」的三等官——衛門尉，正是恰好符合武士身分的職位。

自此，在院政期間內，被任用為衛門尉的武士持續增加，到了鎌倉幕府，這個頭銜更是變得炙手可熱，大多數武士都成了左衛門尉、右衛門尉。在戰國時代，武士之間爆發「擬官職名」（依照官職取俗名，例如山本勘助、齋藤用之助等）的熱潮；到了江戶時代，便幾乎所有武士皆以此方式命名。約莫從戰國時代開始，人們認為：只要名字與官職名稱的用字沒有完全相符，就算不具該官職，也不算是謊稱。這個理論導致愈來愈多人使用官職名稱的一部分來取名，也就是說，倘若不具官職卻取名為「左衛門尉」，便是謊稱；但若自稱「左衛門」，便不算謊稱。由於當時衛門尉、兵衛尉最受歡迎，因此武士或身分地位接近武士的人，便不約而同地取名為「〇〇左（右）衛門」、「〇〇兵衛」。例如前田又左衛門（利家）、奧村助右衛門、柳生十兵衛等，皆屬此類；另外也有人從左、右近衛府各取一字，取名為島左近等。後來，就連盜賊或商人，也開始自稱「衛門」，例如石川五右衛門、近松門左衛門等。當然，也有一些資質良好的武士就任衛門尉，例如人稱「遠山金先生」的江戶幕府町奉行——遠山金四郎景元，便在就任之後自稱「遠山左衛門尉」。

順帶一提，全球知名的卡通人物「哆啦A夢（doraemon）」名字中的「emon」，漢字就寫作「（右）衛門」。據說「dora」取自「ドラ猫（dora neko）」一詞，意思是「怠惰／放蕩／享樂」，可能是從「享樂（道楽，dôraku）」轉音而來。換言之，若將「doraemon」以漢字書寫，便是「道樂衛門」或「道樂右衛門」。另有一說是原作者藤子・F・不二雄愛好欣賞落語，而意為浮屍的「土左衛門」一詞經常出現在落語段子裡，他便從中得到「doraemon」這個名字的靈感。浮屍之所以稱為「土左衛門」，據說是因為屍體通常腫脹得宛如相撲選手，因此借用江戶時代的知名相撲選手成瀨川土左衛門之名。相撲選手取名「土左衛門」，是因為這個名字聽起來似乎比較強；而這想必深受武士自鎌倉時代以來喜歡以「衛門」自稱所影響。在全世界大受歡迎的卡通人物主角之所以取名為「doraemon」，追本溯源，其實與衛府逐漸衰亡、武士開始擁有官職這段重要的歷史大事息息相關。

藉由任用武士來重振衛府

回到主題，在源氏一族中，最初的源經基、源滿仲、源賴光三代，都沒有人在衛府任職。

不過，在安和二年（九六九）三月的安和之變中，源滿仲的弟弟源滿季被稱為

「檢非違使源滿季」[71]。檢非違使只能由衛門府的官人兼任，因此源滿季必定是衛門尉。這是武士直接任職於衛府最早期的例子之一，而他們兼任檢非違使的這一點，也清楚反映出了衛府任用他們的原因。

在平氏一族中，平貞盛雖與衛府沒有任何關聯，但他的兒子平維將則曾任右衛門少尉、左衛門少尉，他的弟弟平維敘也曾是右衛門尉[72]。平維將之子平維時差點被著名的強盜藤原保輔殺害時，擔任的官職是右兵衛尉，之後又成為左衛門尉[73]。因此，將源氏、平氏的主力武士任命為衛府的檢非違使，直接借用武士的力量維護京城治安的手法，可謂在十世紀中末葉確立。

有一派說法認為「武士源自衛府」，但上述內容可證明史實並非如此。倘若該說法為真，便無法解釋源氏一族成為武士的始祖（源經基、源滿仲、源賴光）及平氏一族的祖先（平貞盛）皆未在衛府就任一官半職的事實。因此，比較合理的看法，應是「衛府因為武士的加入，而感染了武士的特質」，而非「武士源自衛府」。

根據文獻，屬於源氏一族的源賴信在寬和三年（九八七）二月擔任左兵衛尉，在寬仁三年（一〇一九）正月擔任檢非違使（因此必定為衛門尉）[74]。雖然沒有文獻證明其子源賴義及其孫源義家曾任職於衛府，但源義家的弟弟源義綱在前九年合戰中因立下戰功而獲賞，成為左衛門尉，其弟源義光也在後三年合戰時成為左兵衛尉。寬治元年（一〇八七）秋天，源義光未經許可就前往陸奧支援源義家，被視為擅離職守，遭到免職[75]。

源義綱追討平師妙——更鋪張的凱旋遊行

源義家一族殲滅地方上的有力人士，做出許多殘暴的反社會行為（後述），但源義綱一族並未如此，而是完全順從白河院政。當然，白河院也為源義綱準備了博取名聲的機會——鎮壓平師妙、平師季父子之亂。

寬治七年（一〇九三），平師妙等人燒毀出羽守源信明的宅邸，將家中財物搶奪一空，源信明則逃至山中，行蹤不明。朝廷認定此事為「謀反」，便派源義綱前往鄰國陸奧擔任陸奧守，命他展開追討。源義綱派遣名叫藤別當的郎等前往當地進行偵查，沒想到他竟然獨力在轉眼間就打敗了平師妙父子。隔年，也就是寬治八年三月，源義綱舉行了凱旋遊行，但此事極不合理，因為源義綱根本沒有親赴討伐現場。他很可能只是在粟田口附近與先遣的偵察隊會合，就又折返京城了。換言之，這並不是民眾湊巧看見源義綱從戰場回來，而是一場專為作秀而策劃的遊行。

一位名叫藤原宗忠的朝臣見證了這場遊行，在他的日記《中右記》裡留下了紀錄。根據該日記，相較於前九年合戰時由使者將首級送回京城，這次則是陸奥守源義綱本人率領軍隊，風風光光地入京。當時一行人在申時（下午四點左右）進入京城，走在隊伍最前方的人高舉插著平師妙父子首級的「戟」，緩緩前進；首級上掛著紅色的小「幡」，上面寫有姓名。一行人在四條大路末[76]的鴨川河岸將首級交給檢非違使，再由「著鈦」的囚犯運送至牢獄。由於種種細節都仿效其父源賴義在前九年合戰時舉辦的凱旋入京遊行，再加上這次是陸奥守源義綱親自率隊，使整場遊行「升級」，變得更引人注目，規模也更盛大。兩個首級的左右兩側，有多達三十名捧著「長釖（可能是長劍）」的「步兵」隨行，源義綱則穿著搶眼的服裝，帶領多達兩百人的郎等一同遊行。

依照往例，圍觀的群眾不可勝數，作者以「或折車軸、或飛烏帽」來形容當時擁擠熱鬧的盛況。有趣的是，當天藤原宗忠替天皇送膳時，還在內裡和三名同事約好：「今日陸奥守源義綱朝臣随身降人并頭入洛，必可見物者（今天源義綱會帶著叛賊的首級與降兵入京，我們一定要去看熱鬧」。由此可知，凱旋遊行的日期早在事前便已在京城中廣傳，對朝臣而言，這也是一場不容錯過、具有高度吸引力的活動。

根據文獻記載，此時「梟頭於西獄門前樹上」，這應是首級第一次在獄門示眾。此外，這時採取的是過去在市場示眾的形式，亦即將首級懸掛於獄門前的樹枝上，並非像後世一般置於檯面。換言之，當時他們在牢獄附近的檢非違使廳（左衛門府）辦妥法律上的手續之後，便省略了將首級送至市場的步驟。這可能是因為市場已不如以往熱絡，連帶宣傳效果也降低的關係。當時，限制民眾只能遵守朝廷的規定，在公設的東市、西市做生意的時代已經結束，屬於民間的商業型態逐漸發展；這也正是一脈相傳至今的商業都市——「京都」的濫觴。如此一來，「罪犯的首級必須示眾」這個一直持續至江戶時代的風俗習慣，可謂是一種與「京都」的形成直接相關的現象。

將凱旋遊行變成官方重要活動的白河院

源義綱的凱旋遊行另一個珍貴的地方，就是讓我們了解朝廷的行政流程。朝廷發出「宣旨」，表示「至犯人頭者，令檢非違使請取，至降人二人，隨義綱朝臣申請可從原免（犯人的首級交給檢非違使，投降的兩人則依照源義綱的申請，予以赦免）」。宣旨是天皇的詔書，天皇口頭陳述命令後，由「藏人頭（天皇的首席秘書官）」紀錄下來，再交給「上卿」。上卿相當於太政官[77]的執行長，透過這道手續，宣旨便可交由太政官的政務系統執行。當時的上卿由左大臣擔任，左大臣收取宣旨後，便轉交給弁官局。左大臣為太政官之首，一般認為是太政官最重要的職位；弁官局負責發行太政官下達的命令、保管紀錄等。弁官局將宣旨傳達給檢非違使後，檢非違使便會出動。

假如在凱旋遊行之前，宣旨就已經下達，太政官也有動作，那麼這場遊行便可視為朝廷與源義綱事先講好、共同舉辦的朝廷官方活動。事實上，前九年合戰的遊行也是一樣。根據藤原宗忠的紀錄，當時安倍貞任的首級入京時，藏人召喚檢非違使進入內裡，以口頭方式傳達天皇要他們接收首級的命令，於是檢非違使便穿著「束帶」（朝臣在上朝時的正式服裝）前去接收。

於是，「武士肩負朝廷的期待，出兵討伐叛賊，若成功平定亂事，便能以京城為舞臺，舉辦一場朝廷官方認可的凱旋遊行，而京城民眾則為之瘋狂，不論身分高低皆夾道迎接」的模式便就此確立。藤原宗忠感嘆，源義綱只派遣郎等出兵，就鎮壓了反亂，「武勇之威自滿四海之所致歟（想必是因為源義綱的英勇威猛早已傳遍四海的關係）」。換言之，京城的民眾這次也深深感受到「這個國家（朝廷）有眾多可靠的武人守護」，而心滿意足。

然而，若刻意利用此模式，便能達到下述效果：藉由任用特定武士A追討叛亂分子，並舉行凱旋遊行，讓京城民眾為A喝采，從此在民眾心目中，A便是一名「值得託付國家安全的武人」了。當時白河院（白河上皇，出家後稱為法皇）便留意到這一點。

源義綱追討平師妙一事，發生在白河院政時期。當時任命源義綱進行追討，又站在朝廷立場主導凱旋遊行的，想必正是白河院。特地讓根本沒踏上戰場一步的源義綱以凱旋將軍之姿在京城中遊行——倘若這場前所未見的表演真是朝廷官方安排的重要活動，那麼一定是白河院的政策。

白河院大幅扭轉了武士的形象，而這也促使維護京城治安的方式從根本上改變，最後逐漸改變整個平安京。這正是平安京透過白河院之手轉生為「京都」的轉捩點。「京都」讓名為「院政」的政治制度得以具體實踐，打造出新時代的社會基礎。「京都」誕生的瞬間即將來臨。

第二章

「京都」的誕生與「天下」之謎

——有秩序的平安京＋君臨天下的鳥羽＋往生極樂的白河

屈服於白河院政的攝關家——藤原忠實的悲慘命運

院政是在攝關政治的空窗期誕生的政治制度。治曆三年（一〇六七），七十六歲的藤原賴通卸下了他長達四十八年的關白職務後，他的弟弟藤原教通根據父親藤原道長的遺言，深信接任這個職務的應該是自己，但藤原賴通卻私心希望兒子藤原師實繼任，因此兄弟之間爆發衝突，導致關白的位置空了一段時間。最後，隔年由藤原教通繼任關白，直到他在承保二年（一〇七五）過世為止。藤原教通辭世後，三十四歲的藤原師實繼承關白，當時在位的是白河天皇。應德三年（一〇八六），白河天皇將皇位讓給其子堀河天皇，藤原師實則成為攝政。之後，藤原師實再次擔任關白，寬治八年（一〇九四）將關白職位讓給三十三歲的兒子藤原師通，七年後過世。

藤原師通個性剛直，經常替性情急躁的白河院政踩煞車，此外，他也相當勤勉好學，精通百家，對大江匡房等儒學家十分禮遇。藤原師通在承德三年（一〇九九）六月過世後，他的治世被評為「天下肅然（天下井然有序，各得其所）」[1]。藤原師通享年僅三十八歲，大江匡房曾痛惜「天與其才，不與其壽」，攝關家的運勢也在他死後開始急速滑落。藤原師通的長子藤原忠實年僅二十二歲，便任職權大納言。依慣例，只有曾擔任過大臣的人，才能成為攝政、關白，因此藤原忠實並非被任命為關白，而是被賦予「內覽」的權限。所謂內覽的權限，是指閱讀朝臣準備上奏天皇的文書，根據記載，「內覽與關白萬機已同事（內覽與關白在政務上已同等）」[2]，亦即實質上等於將他任命為關白。

在攝關政治的巔峰期，身為權大納言的藤原道長擔任內覽，成為實質上的關白；或許是因為這樣並不會造成任何困擾，即使後來晉升了右大臣、左大臣，他依然沒有擔任攝關一職，而是始終以內覽的身分率領一條天皇、三條天皇的朝廷（之後又擔任後一條天皇的攝政）。身為權大納言的藤原忠實擔任內覽，正是承襲於此做法；以形式而言，可說是攝關政治的第二個巔峰期。最重要的是，以藤原道長為例，對於正處巔峰期的攝關政治來說，攝政或關白的頭銜並非絕對必要；藤原道長並不是因為身為攝關才擁有權勢，而是因為擁有權勢才順便擔任攝政。然而藤原忠實卻沒有這樣的權勢，他是在白河院的關照下獲得內覽一職的。隔年，藤原忠實晉升右大臣，照理說已具備擔任關白的資格，卻依然沒有獲准；在長治二年（一一〇五）就任關白之前，他一共擔任了六年的內覽。此外，早在白河天皇的父親——後三條天皇的時代，攝關家便已不是天皇的外戚，導致攝關家的政治影響力大為降低。

堀河天皇對處理政務具有熱忱，與父親白河院互相尊重，同心協力掌理朝政。然而，在藤原忠實就任關白二年後的嘉承二年（一一〇七），堀河天皇便英年早逝，得年二十九歲；其子鳥羽天皇年僅五歲便即位，從此無人可阻擋白河院政的獨斷獨行。之後，藤原忠實便宛如暴風雨中的小船，被院政操弄於股掌之上。鳥羽天皇即位後，三十歲的藤原忠實成為攝政；六年後的永久元年（一一一三）鳥羽天皇成年後，便成為關白[3]。然而在這個時候，攝政、關白皆已臣服於院政。

院政——恣意妄為、充滿利益的政治制度

大治四年（一一二九）白河院過世時，藤原宗忠評論白河院政為「任意不拘法」[4]。白河院在執政期間，一切的「理非決斷（是非判斷）」，皆「賞罰分明，愛惡揭焉（個人好惡顯著，受寵者可以獲得莫大的賞賜，惹他生氣的人則有吃不完的苦

頭）」。在這種輕視法律、道理與知識，凡事皆隨白河院的心情與好惡而定，亦即「老子就是法律」的施政方式下，人們漸漸分成兩類。「男女之殊寵（特別受寵的男男女女）」皆成為白河院的近臣，掌握權勢，忘記自己的身分，破壞「天下之品秩（世上身分地位的秩序）」，得到龐大的利益，享盡榮華富貴，使得「貧富顯然」，也就是受寵之人與懷才不遇之人的境遇差距極大，導致產生史上最嚴重的貧富差距。

院之所以握有權力，是因為身為太上天皇的他，能以「另一個天皇」的身分，假借輔佐天皇的名義，掌握決定朝廷人事的人事權。白河院恣意地行使這個權力，安排他所寵信的近臣任職「受領」（國司之首），任由他們貪贓枉法。在當時，受領只須上繳固定稅金給朝廷，其餘皆可中飽私囊，因此他們總是向民眾予取予求。由於這個職位太誘人，因此受領紛紛向院獻上龐大的金銀財寶，確保自己在任期後還可以續任。白河院反覆改建占地廣闊的「院御所[5]」與寺院，需要取之不盡的財源，而受領討白河院歡心之後，便能繼續連任。

舊平安京的資源無法滿足這樣的政治型態，於是人們對於新都市——「京都」的需求便因應而生。

藤原道長的法成寺——重要建築物開始建造於平安京之外

如本書前言所述，平安京與「京都」在物理上最大的不同，就是兩者的範圍。平安京只有左京的四條（現在非常熱鬧的四條通）以北有人居住，人口過於稠密，導致土地漸漸不敷使用；而右京（現在稱為千本通的朱雀大路以西）及四條以南的地勢低窪，常有水患，幾乎無人居住。因此，朝廷決定採用強制手段解決問題，也就是擴大左京北部的住宅區範圍：最北端擴大至一條大路（現在的一條通）之外，最東端則擴大至東京極大路（現在的新京極商店街一帶）之外。

事實上，平安京過去也曾一度往北擴展，將一條大路的位置往北移了二町（約二五〇公尺）[6]。「原本的一條大路」——土御門大路（現在的上長者町通）以北，便是當時擴展的部分，人稱「北邊」（圖2）。攝關政治中有權有勢的人，幾乎都住在左京的「北邊」，例如藤原一族中首名當上攝政的藤原良房，當時已在正親町小路（現在的中立賣通）以北、東京極大路以西的位置，蓋了占地達二町（一町相當於平安京「棋盤」上的一格，約一二〇公尺見方）的染殿第[7]。另外，藤原道長也在土御門大路（上東門大路）與東京極大路的交叉口附近（推測應為上東門大路之南），興建了面向土御門大路的上東門第[8]。由於攝關政治的居高位者皆偏好住在左京北部，許多朝臣便追隨他們搬來這個地區。

藤原道長晚年更在該地區蓋了一間大寺院——法成寺，為平安京日後的發展帶來決定性的影響。東西長一町、南北寬二町的法成寺，占地廣大，北面向土御門大路末，南面向近衛大路末（「〇〇大路末」指〇〇大路延伸至平安京範圍以外的部分）。法成寺的西側面向平安京最東端的京極大路，亦即整個寺院都在平安京範圍之外；寺院的最東端，則在鴨川堤防的西側。位於法成寺中央的阿彌陀堂，又稱「御堂」，是篤信淨土宗的藤原道長晚年修行之處，而這也是後世將藤原道長稱作「御堂殿」、將他那部被列為世界記憶遺產的日記稱為《御堂關白記》的由來（染殿第、上東門第、法成寺的位置亦請參照圖2）。

治安三年（一〇二三），藤原道長取出羅城門的基石（支撐建築物基底的石頭），轉用於興建法成寺。羅城門是平安京的主要道路——朱雀大路的入口，可謂平安京最重要的門面。然而，當時朱雀大路早已喪失其在外交禮儀上的主要用途，只偶爾在大嘗祭等儀式中派上用場，再加上右京已經幾乎無人居住，朱雀大路便喪失其存在的意義，成為孤兒、盜賊、牛隻、馬匹的棲身之所[9]。當時，羅城門早已坍壞約四十年，這件事本身就證明了羅城門的存在可有可無，而藤原道長取走基石，更是有意徹底消滅羅城門的存在價值。此舉可視為當權者宣示舊平安京所代表的時代已經告終，而使用羅城門基石建造的法成寺，則象徵著下一個時代將如何發展，也就是——今後重要的建築物，都將座落於平安京之外。

「京都」的誕生——白河院在白河的開發與國都重心的東移

自此，特權階級對右京及左京南部不屑一顧，只在平安京外的土地——尤其是北方與東方——建造足以展示其權勢的建築。然而，左京東側緊鄰鴨川，法成寺的邊界幾乎貼著河岸；法成寺以南的地區皆為鴨川流域，幾乎沒有堪用的土地。既然如此，人們便決定開發鴨川以東的廣大未開發地區——「白河」。

白河地區相當於現在的平安神宮及京都市動物園一帶，古時為別墅區，藤原道長的別墅就座落於此，藤原賴通接收之後，也在此住過[10]。藤原賴通之子藤原師實將這塊土地獻給白河天皇後，白河天皇便對開發白河一事感到興致勃勃，於是建立了法勝寺。法勝寺的面積為法成寺的兩倍，南北二町、東西二町，正門位在二條大路末以東的盡頭（圖2、3）。唯有在平安京外，才有可能找到如此遼闊的土地。法勝寺的興建始於承保二年（一〇七五），當時是白河天皇以二十歲的年紀繼承皇位的三年之後，也是其父後三條上皇病死的兩年之後；主建築在隔年落成。承德二年（一〇九八），高達二十七丈（八十一公尺）、前所未聞的八角九重塔也完工[11]（一〇八三）曾建造過一次，但因有傾倒毀壞之虞而重新興建。

白河天皇上任後，便將建造巨大的伽藍視為天皇權威的展現，他把法勝寺定位為「國王的氏寺（家祠、家廟）」[12]，使其成為佛教界的中心。於是，鴨川以東的白河，便出現了一座最新、規模最大的宗教建築（但實際上是誇示白河天皇權威的記念碑）。

白河希望藉由建築物的高度來顯示自己的權勢，為了迎合白河的期待，那宛如怪物一般的巨塔——八角九重塔就此誕生（圖4），而這也促成了建築技術的進步。

此後，眾多天皇與皇后陸續在通往法勝寺的二條大路末興建寺院，且每一座寺院皆以「勝」字命名，因此人們將這六座寺院合稱「六勝寺」。這些寺院所在的白河地區，屬於往鴨川以東擴展後的國都範圍之內，絕非京郊或鄉下地方。

於是，自攝關政治到院政的這段期間，人們漸漸捨棄右京，以原為京城最東端的京極大路、鴨川一帶作為新的中心點，開始發展，打造出一個西至左京，東至白河的都市。其中最具象徵性的，就是在京極大路以東新設的東朱雀大路（圖2）。

在過去，位於左京與右京之間、由北而南貫穿平安京的朱雀大路，是平安京的軸線（圖1）。然而，後來朱雀大路漸漸無法發揮原有的功能，取而代之地，由左京與白河之間的區域成為了平安京的新軸線，因此東朱雀大路便在此誕生；也就是說，國都的中心往東偏移了。在此之後，當人們提到「朱雀」，大多是指「東朱雀」；到了源平合戰時，人們已完全習慣將東朱雀稱為「朱雀」，而將原本的朱雀大路稱為「西朱雀」了[13]。

將平安京的西半邊切割，同時納入平安京範圍以外的地區，並在此發展的這個都市，已經無法再稱為平安京。換言之，這正是「京都」的誕生。

白河天皇開發白河一帶，創造出一個嶄新而龐大的宗教區，而他自己則住在平安京內的內裡。最初的幾年住在大內（原本的內裡，位於大內裡之中），之後又陸續住過高陽院、六條殿、堀河院、三條烏丸殿等里內裡（朝臣提供天皇暫居的宅邸）。高陽院原為藤原賴通的宅邸（位於中御門大路以南、西洞院大路以西），六條殿是在承保三年（一〇七六）新建造的內裡專用宅邸（位於六條坊門小路以南、高倉小路以西），堀河院原為攝關家代代居住的宅邸（位於二條大路以南、堀川小路以東），三條烏丸殿亦是新建造的內裡專用宅邸（位於三條大路以北、烏丸小路以東）（圖8）。

上述的居所全數位在京城內，也就是說白河天皇自始至終都沒有離開平安京。京城是為了在天皇宮殿工作的朝臣及民眾而存在的都市，因此這也是理所當然。事實上，離開宮殿、暫住在京城中的朝臣家，也就是所謂的里內裡，儘管已經不太尋常，但姑且睜一隻眼閉一隻眼；相對地，倘若天皇搬出京城之外，就等於天皇全盤否定了京城的存在價值。

天皇之都＋院之都——白河院在鳥羽的開發「宛如遷都」

只要白河天皇仍具有天皇的身分一天，就無法擺脫上述制約。不過，從他自承保二年（一〇七五）毫無理由地離開大內，在位期間再也不曾返回的事實看來，他顯然極力抵抗了此束縛。直到應德三年（一〇八六），白河天皇讓位給其子堀河天皇，開始院政後，才總算從平安京獲得解放，重獲自由。

白河院退位後，仍繼續住在六條殿一段時間[14]，但其實他從在位時，便已開始在平安京南方的郊區建造名為鳥羽殿的御所（圖6、7）。鳥羽殿的範圍超過一百町，就連鳥羽殿以南、伏見以北的區域，也都屬於院領（上皇的領地），佔地之廣超乎想像[15]。

一百町大約相當於一・四四平方公里，若以實例來比喻應該更容易體會：東京都千代田區千代田的面積約一・四二平方公里，兩者幾乎相等[16]。千代田區千代田以皇居、皇居東御苑及環繞其四周的壕（內側護城河）所構成，只要想像包括內側護城河在內的皇居有多大，就能想像鳥羽的大小。在今天，若搭乘地下鐵繞皇居一周，必須經過日比谷、大手町、竹橋、九段下、半藏門、永田町、櫻田門、有樂町等七站（有樂町與日比谷之間須步行）。各位是否感受到鳥羽的廣闊了呢？

平安初期的天長五年（八二八），平安京裡實際作為住宅等用途的土地面積約為五百八十町[17]。假設接下來的一個世紀半都沒有變化，白河院開發的這一百町，約相當於平安京內實際使用面積的十七％，以單次開發的規模而言，顯然已超出常軌。

白河院在位時，只要是受寵的近臣，不論身分高低，都獲賜了鳥羽地區白河院御所周圍的土地及房子，當時龐大的營造工程與眾人同時遷居的狀況，被描述為「宛如都遷」。多名近臣連任受領，從全國收取稅賦來建造白河院的御所，更挖掘了一個南北八町、東西六町，宛如湖一般的大池，築小山，打造美麗的景觀[18]。儘管工程一度延宕，鳥羽殿（南殿）在隔年的應德四年（一〇八七）二月順利完工，白河院也搬遷至此[19]。

「宛如都遷」這句話代表的意義非同小可。由於建設工程的規模超乎常理，再加上位居政權中樞的人大量遷移，鳥羽殿的興建，實質上堪稱等同於打造一個新都。

一般認為，除了十二世紀末時平家曾遷都福原數個月，在明治維新以前，連續一一〇〇年平安京都是日本唯一的國都。然而，假如當初右京等於被捨棄，人們又在其南側緊鄰處打造另一個類似國都的都市（鳥羽），那麼這個都市便等於搶走了國都一半的功能。從這個角度來看，鳥羽的建設的確宛如「半個遷都」。

白河院之所以沒有完全捨棄平安京，而是讓左京與鳥羽殿結合，形成一個新的都市，應該是因為院政再怎麼說，也只是輔佐天皇的角色（父親）。既然院無法與天皇切割，天皇又無法與平安京切割，那麼院政也只能保留平安京了（儘管只有一部分）。最後的結果，便是平安京（左京）與鳥羽殿並存，一同分擔國都的功能。換言之，也就是白河院在「天皇之都」隔壁打造了另一個「院之都」，使兩者連動，有效率地支持院政運作。平安京（里內裡）與鳥羽殿（院御所）同等重要，兩者緊密結合為一個國都，並發揮功能——這便是誕生於院政期的「京都」最初的樣貌。

城南寺祭的流鏑馬與賽馬

城南寺的祭禮，是鳥羽繼承了國都功能的最佳證明。自從白河院開發了鳥羽，城南寺便成為舉辦「城南寺祭」的地點。祭典的日期是九月二十日，而白河院在康和四年（一一〇二）的當日，以及長治元年（一一〇四）的前一日參觀的「城南寺明神御靈會」，應該就是城南寺祭的前身[20]。城南寺是佛寺，但祭典卻是祭祀明神的「御靈會」。御靈會是為了鎮魂，並將這些怨靈轉化為守護神的祭典，因此也許和祇園御靈會（現在的祇園祭）一樣，原本是祭祀瘟神、驅避傳染病的祭典。

天仁二年（一一〇九）之後，該祭典便開始以「城南寺祭」的名稱出現在文獻中，故可推測祭典的性質就是在這個時期受到白河院的影響，而產生變化的。這一年，白河院在「馬場殿」觀看祭典[21]；城南寺明神御靈會原本只是鳥羽這個鄉下地方一間小神社的祭典，而白河院的行動，正是將其改造為在「院政之都」鳥羽舉辦之國家祭典的第一步。

順帶一提，「馬場殿」是供人觀賞馬術相關技藝的建築物，而在城南寺祭中，白河院在馬場殿觀賞了什麼呢？我們可以從天承元年（一一三一）之後的文獻紀錄上找到答案。源師時在他的日記《長秋記》裡記載了當年的祭典，根據此文獻，白河院觀賞的是「以武佐女（ibusame）」。源師時之所以沒有正確寫出儀式名稱的漢字，或許是因為這是他第一次聽見這個名詞。據說在所謂的「ibusame」儀式中，受領及武士會派出「射手」，射手策馬奔馳，比賽誰能射中三個「的（箭靶）」。又是騎射比賽，名稱發音聽起來又近似「ibusame」，唯一的可能就是「流鏑馬（yabusame）」了。事實上，師時在記錄隔年的城南寺祭時，也正確地寫出了「流鏑馬」的漢字。根據該文獻，當時是由院的「北面武士」（直屬院的武士，由白河院所創設）及衛府武官的郎等（隨從），在祭典中進行流鏑馬競賽。

康治元年（一一四二）起，文獻中開始出現「競馬」的紀錄[22]。競馬是一項講求速度與技術的競賽，兩名騎士必須互相阻礙對方，比賽誰先抵達終點。隔年康治二年，舉行了流鏑馬與競馬兩種比賽，但久安二年（一一四六）的文獻中，則記載著「無競馬，有流鏑馬」[23]，也有僅舉行流鏑馬的紀錄。仁平元年（一一五一），則有僅舉行競馬的紀錄[24]。儘管沒有特別的規律，但上述兩種競賽似乎必定至少會舉辦一種。

取代五月五日騎射（五月會）的院政軍事訓練——流鏑馬

重要的是，這些活動皆屬於朝廷的傳統活動。在古代的中國，人們認為三月三日、五月五日、七月七日、九月九日等屬於奇數月、月份與日期數字又相同的日子，是具有特別意義的「節日」。這種迷信（與創造曆法的天文學無關的民間信仰）廣為流傳，就連宮廷裡也會舉辦各種活動。

這些節日漸漸與「練武（軍事訓練）」結合，成為軍事演習與騎射術的展示會。不過不知為何，中國人獨獨未將五月五日（端午節）與練武結合，僅在這天懸掛菖蒲、配戴香包，以送走瘟神。

另一方面，日本從六世紀末開始派出遣隋使，大量吸收中國的思想與價值觀，再與日本固有的傳統習俗揉合，創造出獨特的民俗節慶活動。而耐人尋味的是，在中國人絕對不會舉行練武、騎射的五月五日端午節，日本發展出了騎馬獵鹿並取下鹿角（即藥用的鹿茸）的「藥獵」活動。

藥獵出現於推古天皇的時代（六世紀末～七世紀初），隨即廢止。不過，五月五日舉行騎射、練武的習慣，則歷經了飛鳥、奈良時代，在日本扎根；在平安遷都之前，「五月五日騎射」的傳統習俗已然確立，天皇會坐在大內裡的觀眾席，欣賞衛府的騎射技藝。此習俗繼續發展，最後演變為五月五日舉行騎射、五月六日舉行競馬的活動，稱為「五月會」。

不過，九世紀中葉進入攝關政治後，天皇便不再參加五月會，此活動亦逐漸式微。而就在瀕臨廢止之際，五月會轉變為兩種形式，於是得以存續。一種是形式，是為了選拔或練習而進行的預演（第一次稱為「荒手結」，第二次稱為「真手結」）；在平安時代末期，五月三、四日會舉行荒手結，五月五、六日會舉行真手結。另一種形式，則是以個人名義，在院或攝關家宅邸舉辦的類似五月會的活動；當時由於顧慮正式的五月會，故將其稱為「小五月（會）」，之後逐漸發展為一種具有娛樂性質的活動。

在十一世紀末，國都突然出現名為流鏑馬的騎馬射箭技藝，於是小五月便將此活動納入。流鏑馬與小五月就此結合，在十二世紀中期以後，後白河法皇於京都建立的新日吉社（於後詳述），也曾在名為小五月會的祭典中舉行流鏑馬。

流鏑馬的起源至今尚無定論，有一說認為它發源於國都，另有一說則認為它源自國都附近村落的傳統技藝，但兩者皆無確切證據。據我所知，目前尚無任何研究能提出有關流鏑馬由來的可靠證據，因此流鏑馬至今仍是一種起源不明的技藝。

不過，從源師時聽不懂「yabusame」這個詞彙，也無法將它轉換成正確的漢字，只是單純依照自己當時聽見的發音，將其寫做「以武佐女」的這個事實，可知流鏑馬並非源自京城的技藝。這項技藝出現之後，有一段時間，許多人都以諧音或同音的借字來書寫。在當時，不論身分高低，京城裡根本沒有人知道「流鏑馬」，也沒有人知道正確的漢字寫法。由此可知，對京城的居民來說，流鏑馬顯然是一種「外來語」，而這也證明了它起源於距離京城十分遙遠的外地（至於它究竟誕生於何處，又是經過什麼樣的途徑傳入京城的，我希望自己未來能有機會釐清）。

重要的是，流鏑馬是在十一世紀末，亦即白河院政期突然出現的一種新技藝，而它一出現，就被納入白河院及攝關家主辦的小五月活動中。鳥羽是由白河院主導開發的地區，而在此地舉辦的城南寺祭中又出現流鏑馬，這顯見是一連串的操作，而在背後策劃的正是白河院。

如此一來，城南寺祭的流鏑馬及競馬便不是單純的娛樂，而是繼承了過去朝廷主辦的國家級軍事演練——五月會（五月五日騎射）意義的活動。朝廷主辦的五月會之所以廢止，想必與衛府的式微有關。在平安時代中期，近衛府及兵衛府已形同虛設，連天皇居住的京城治安都無力維護；而近衛府與兵衛府，正是五月會上進行騎射與競馬的主角。在這種狀況下，讓他們每年定期在五月會上演示騎射與馬術的意義，也理所當然不復存在。

補足平安京功能的鳥羽，及補足國家功能的院政

既然五月會的演出者與意義雙雙喪失，又為何能在院及攝關家（改變形式）繼續保留呢？近衛府、兵衛府無力展示的騎射技藝，又是由誰負責演示的呢？答案就和當時維護京城治安的工作一樣——人們把對衛府的期待寄託在武士身上，交由武士來負責。

在院與攝關家剛開始舉辦小五月時，武士在社會上已具有相當程度的知名度，同

時以瀧口武士的身分維護京城中的治安，也經常出入院與攝關家，擔任小五月祭典上的射手。因此，由武士在院、攝關主辦的流鏑馬中擔任主角，也是天經地義。

更正確地說，實際進行騎射的射手，其實是武士的郎等。在源師時將漢字誤植為「以武佐女」的天承元年（一一三一），源重成派出一位名叫敦身二郎正弘的美濃出身騎射名手，參加城南寺祭的流鏑馬；這位源重成，就是清和源氏（源滿正的子孫）一族的武士。

流鏑馬象徵著新興的武士取代了無用的衛府，成為展現朝廷騎射術的代表。過去由天皇主辦的傳統活動——五月會的騎射，如今在白河院主導開發的鳥羽重生，成為院主辦的傳統活動，並由武士擔綱演出。換言之，傳統的朝廷與天皇已無力負擔的國家級業務，現在由一股名為院政的新時代權力一肩扛起。武士補足了衛府，院政補足了天皇制，鳥羽則補足了平安京。

在白河院的時代，天皇與平安京分別需要院與鳥羽來補足，包括院政在內的政治體制，才能稱作天皇制；包括鳥羽等都市區在內的所有區域，才是「國都」。從這個角度來看，繼承了京城功能的鳥羽，理應被視為國都的一部分；而在鳥羽的補足之下才能充分發揮國都功能的平安京，也只不過是國都的一部分。在鳥羽和平安京的結合、互補下誕生的這個新國都，正是中世日本人命名為「京都」的都市。

「京都」的誕生——「京都」成為日常用語的院政期

「京都」這個詞彙本身的歷史相當悠久。在奈良時代初期的養老四年（七二〇）完成的《日本書紀》中，曾數度將國都記載為「京都」[25]；之後的正史《續日本紀》，也將天平十二年（七四〇）興建恭仁京一事稱為「始作京都矣（首度建造京都）」，將隔年遷都恭仁京一事稱為「以京都新遷」，將分配恭仁京的土地與住宅一事稱為「班給京都百姓宅地」。上述例子反映出的或許是《續日本紀》完成時，也就是桓武天皇時代的感覺，但在天平神護元年（七六五），稱德天皇對因意圖謀反而遭拘捕的和氣王發布的詔書中，也寫到「京都召上」，故可確定在奈良時代確實已有「京都」一詞。桓武天皇遷都長岡京的紀錄，也被記載為「新遷京都」[26]；在之後的正史上，詔書裡提及國都時，也經常稱之為「京都」[27]。

此外，在名為「太政官符」的公文裡，亦可看見天長三年（八二六）、寬平三年（八九一）的文書，曾有「身留京都」等敘述；嘉祥二年（八四九）的文書，曾有「彼備中國近於京都」等敘述[28]。名為《延喜式》（彈正臺）的法令中，也有「凡京都踏歌，一切禁斷（全面禁止在平安京內載歌載舞）」。

由上可知，「京都」一詞儘管自奈良時代至院政期皆有使用範例，卻僅限於正史、詔書、法令等硬梆梆的正式文章。進入十世紀之後，天皇及朝臣開始有寫日記的習慣，但在這些日記裡卻完全找不到「京都」這個稱呼，因此我們可以推測，在當時「京都」可能並非日常用語。在古人的日記中，唯一提到「京都」一詞的，據我所知只有一個例子，而且文中的「京都」是指外國（高麗）的國都[29]。在攝關政治期之前，一般人不曾在日常生活中將平安京稱作「京都」。「京」與「都」的訓讀發音都是「miyako」，在日語中實質上屬於同義字。「京都」只不過是裝模作樣地將兩個同義字擺在一起的雅詞，作為日常用語稍嫌累贅，畢竟若要以漢字表達「miyako」，只須寫成「京」或「都」一個字就夠了。

然而，從白河院政期開始，狀況就忽然改變。根據東京大學史料編纂所公開的

「古紀錄全文字資料庫」，在藤原宗忠自寬治元年（一〇八七）至保延四年（一一三八）所撰寫的日記《中右記》裡，一共出現了二十三次「京都」；關白藤原師通在同一時期撰寫的日記《後二條師通記》裡，也出現了四次「京都」。由此可知，「京都」一詞似乎在白河院政期突然流行起來，成為朝廷的日常生活用語。

藤原宗忠曾以「不論京都、諸國（各地）」、「京都、外國（其他地區）」[30]等方式敘述，顯示將日本國土二分為「京都＋各地區」的國土觀，在此時期急速普及。藤原宗忠首次使用「京都」一詞，是在寬治六年（一〇九二），當時白河院已開始開發鳥羽，以作為根據地。因此，藤原宗忠提到「京都」時，指的並不是平安京，而是加上與平安京融為一體的鳥羽，補足功能後的都市整體。在過去，「miyako」一詞的意義等同於「平安京」，但此時「平安京」已經無法完整代表「miyako」，或許正因如此，人們才轉而使用「京都」這個雅詞來表示一國之都。

具劃時代意義的白河院——將鳥羽規劃為一個完整都市的開發計畫

白河院在鳥羽的開發之所以具有劃時代的意義，乃因為以往攝關政治的當權者，通常僅建造自己的住宅及儀式空間，但白河院卻連居住在此的近臣、民眾所需的都市功能也一併考慮進去，將鳥羽規劃為一個完整的都市[31]。換言之，白河院是自平安遷都以來，史上第一個試圖「開發一個完整都市」的人物。

事實上，上述開發方向已在白河地區實踐，以法勝寺為中心迅速發展。在此，我想帶各位回顧一下白河地區的開發史。

嘉保二年（一〇九五）五月左右，白河院開始將位於法勝寺西側的高僧覺圓舊居作為自己的御所使用[32]。這就是名為「白河泉殿」的院御所，白河院在前往法勝寺參拜時經常住在這裡；和鳥羽一樣，這裡成為院政的據點之一。永久三年（一一一五）十一月，平正盛改建白河泉殿，將其正式打造為院御所，白河院也就此「移徙」[33]。移徙是宣布轉移「本宅」（主要根據地的宅邸）的儀禮，也就是說，白河院宣告自己即將「把院政的主要根據地從鳥羽轉移到白河」。三年後的元永元年（一一一八）七月，又有一間占地廣大的宅邸緊鄰著白河泉殿的北側落成，稱為「白河北殿」[34]，於是從前的白河泉殿被稱為「白河南殿」，兩座宅邸結合為白河院專屬的廣大御所。

其間，堀河天皇在康和四年（一一〇二）興建尊勝寺之後，鳥羽上皇在元永元年興建最勝寺，崇德天皇在保延五年（一一三九）興建成勝寺，近衛天皇在久安五年（一一四九）興建延勝寺，鳥羽天皇的皇后——待賢門院則在大治三年（一一二八）興建了圓勝寺；這五座寺院與法勝寺合稱「六勝寺」。六勝寺是所謂的「御願寺」，是專供上皇、天皇個人進行祈禱（尤其是祈禱死後成佛）的地方，同時，由於這些寺院的興建皆仰賴院的近臣——受領的財力，許多大規模的國家級宗教儀式也在此舉行，因此它們也成為了誇耀院政權力的場所。

開發平安京外圍地區的原因——京城中的佛寺禁止令

我們不禁疑惑，為什麼白河院要計劃在平安京之外打造一個新都市呢？因為，倘若將那筆龐大的資源投入重建平安京，將建造於白河及鳥羽的那些富麗堂皇的建築

（御所、伽藍）蓋在平安京內，也許光靠平安京就能完成復興，順利轉生為中世「京都」。

然而，想在平安京內興建那些設施，事實上是不可能的。最單純的原因固然是土地不足，不過最根本的原因，則是來自平安京本身的制約。正如本書前言所述——因為當時規定「平安京內不得建造寺院類建築」。

延曆二年（七八三），桓武天皇為了遷都長岡京，下令禁止在「京畿（京城及其周邊地區）」「私立道場」[35]。「道場」意指佛教設施，包括寺院（僧人隸屬的設施。在平安初期以前，寺院與僧人皆須獲得朝廷的認可）及其他設施；當時稱為「堂舍（堂）」，也就是現在的「佛寺」。捨棄了平城京的桓武天皇，不希望新的京城裡有佛寺的存在。此「京中佛寺禁止令」雖然在遷都平安京之後也沒有撤銷，但漸漸變得名存實亡。

睽違了三個世紀，再次嚴格執行這項禁令的，正是白河院。白河院在寬治元年（一〇八七）對京職下令：「比來兩京之間，多立堂舍事，乖朝憲，理不可然，宜仰左右京職并檢非違使任先符旨，至今以後嚴從禁過者，職宜承知，依宣行之（近年來眾多堂舍打破禁令，建造於左京、右京，此規律不容違反，故京職與檢非違使今後應嚴加禁止、舉發）」[36]。

「京城中不得建造佛寺」這個規定存在的事實，意義極大。在這樣的背景下，只有東寺與西寺獲得國家的許可，成為例外（但西寺很早就荒廢了）。這兩間寺院分別座落於平安京南側的正門——羅城門的兩側。東寺的正式名稱為「教王護國寺」，意思是「教導王（天皇）並守護國家的佛寺」，清楚道出這座寺院存在的意義。寺院的領導者稱為「東寺長者」，輪流從各個寺院選出，避免讓特定的寺院或門派獨占。東寺與西寺皆為國家的一部分，亦是平安京的一部分，如同官衙般依照官僚制度運作，並完全由國家掌控。

東寺與西寺宣揚佛教的目的乃是為了國家，可謂名符其實的「鎮護國家佛教」；而平安時代的朝廷認為，京城裡只需要鎮護國家佛教的寺院即可。之所以如此謹慎，或許是有鑑於在桓武天皇打造平安京的二十年前左右，稱德天皇一度打算將皇位讓給僧人道鏡，導致國家險些落入僧侶之手的緣故。當時的朝廷決定告別大和，遷徙至地處偏遠的山城國（古時寫作山背國）打造新都，背後的意義正是為了切割與平城京勾結的寺院勢力——尤其是在地理位置上緊鄰平城京的東大寺、興福寺等規模較大的寺院。因此，平安京不可能重蹈覆轍，允許寺院林立。

作為隱居處的寺院，當然不在京城

然而在平安時代，天皇、朝臣個人對佛教的信仰卻也極為虔誠。當時每個擁有權勢與財力的人，都一心想建造寺院、佛堂；而他們的這股欲望，最後在平安京以外的地區獲得了滿足。史上第一位法皇（出家的上皇）——宇多法皇篤信佛道，潛心修行，撰文闡釋佛教教義，更收了十三名弟子，傳承佛法，後世將其宗派（教義的流派）稱為廣澤流、小野流。宇多法皇在仁和寺出家，在大覺寺接受灌頂（為與佛結緣，將水自頭頂淋下的佛教儀式）。

仁和寺與大覺寺皆遠在京城以西的郊外，仁和寺是宇多天皇為其父光孝天皇所建的寺院，可謂宇多天皇個人信仰的依歸；大覺寺原是名叫「嵯峨院」的後院（天皇退位後的住處），嵯峨上皇退位後便在此度過晚年，後來由嵯峨天皇之女，也就是淳和天皇的皇后——正子內親王，將其中一部分改建為寺院。此外，嵯峨天皇的皇后——橘嘉智子所建的檀林寺，以及嵯峨天皇之子——源融的住處「栖霞觀」，也都位在嵯峨院的遺址；源融死後，栖霞觀被改建為栖霞寺，之後又改建為清涼寺。嵯峨就在上述皇族陸續建造寺院的過程中，漸漸發展。

到了十世紀末，醍醐天皇的皇子——兼明親王在嵯峨興建別墅，自此嵯峨便成為朝臣建造別墅隱居的首選之地（傳說藤原定家在鎌倉時代初期挑選小倉百人一首的小倉山莊，也位於嵯峨）。嵯峨的開發，始於天皇的後院，亦即天皇隱居處的興建，因此嵯峨在本質上就是隱居之地，而陸續落成的寺院，也成了天皇、皇族、朝臣等人退位後潛心修佛的場所。作為隱居處的寺院，沒有必要存在於京城裡；甚至可以說，京城是屬於「現任在位者」的地方，天皇在此以帝王身分治理國家，臣子以官僚身分在此執行勤務，因此不應該出現屬於退位者的隱居處。

代表「現世」的平安京與代表「來世」的白河

然而到了十世紀末葉，源信在攝關政治的巔峰期出現後，淨土教便開始在宮廷中蔚為流行。淨土教是一種「他力本願」的思想，主張仰賴阿彌陀如來的救贖，以往生極樂淨土。淨土教的成佛，是指獲得極樂淨土的「永久居留權」，由於是「他力本願」，無須透過累人的修行也能成佛，因此大受歡迎。

這一點深深抓住了眾權貴的心。已經握有權勢的人，最終的心願往往是長生不老，而當他們體悟到生命終有盡頭時，便會轉而追求死後的安樂。在藤原道長建造的法成寺裡，位於中央的「御堂」之所以是阿彌陀堂（供奉阿彌陀如來像，供祈禱專用的堂舍），正是為了展現其藉由依憑阿彌陀如來往生極樂的意圖。另外，由藤原道長之子藤原賴通所興建，且因為被刻在日幣十圓硬幣上而無人不知的宇治平等院鳳凰堂，也是阿彌陀堂；後來平正盛為白河院所建造的堂，也是「白河新阿彌陀堂」。

白河院與之後的天皇、上皇、皇族之所以紛紛在白河地區建造極其奢華的巨大寺院，是因為他們相信自己建造的寺院愈氣派雄偉，就愈能依附阿彌陀佛，確保自己能往生極樂的關係（儘管這與「他力本願」的教義完全矛盾）。

人們一旦相信只要建造佛像或佛堂，就能輕易克服死亡，便開始爭相興建。白河院在名為白河的別墅地區建造了與其地位相稱的巨大伽藍，而不需要這種大規模建築、財力也沒有這麼雄厚的人，則在自身財力所能負擔的範圍內，在自己家的土地上建造佛堂（用於供奉佛像的廳堂）。儘管當時朝廷禁止在京城中建造佛寺，然而此事與個人的信仰——尤其是與「克服死亡」這個重要命題息息相關，因此人們無視此規定，建設佛堂頓時蔚為風潮。

為了阻止這股風潮繼續蔓延，如前所述，白河院在寬治元年（一〇八七）下令重新確認並嚴格執行京城中禁止建造佛寺的規定。當時已是法勝寺落成的十二年後，因此白河院此舉的目的，應是刻意區分京城與白河，將佛教空間集中在白河，不讓京城染上一絲佛教的色彩。屬於天皇的京都專注於現世政治，屬於法皇的白河地區則追求死後的往生極樂，兩者扮演的角色明顯不同。在「京都」，「為了現世生活而存在的京城」與「為了來世生活而存在的白河」以鴨川為界，各司其職，互不干擾。

不過，既然已經有東寺的存在，為什麼還需要白河法勝寺這個宗教空間呢？這正是白河院在天皇在位期間便開始興建法勝寺，並將其定位為「國王的氏寺」的核心原因。在此之前，天皇僅擁有守護國家的寺院，而沒有祈求自己及子孫來世安樂的氏寺，直到白河院所追求的這種「極端強調君主個人身分」的政治出現，天皇（一家）才開始擁有屬於他們個人的寺院。

「此為佛堂，而非佛寺」——京中佛寺興建禁令的漏洞

事實上，法令根本禁止不了眾朝臣對來生安樂的迫切渴望，堂舍在京城裡接二連三地完工。儘管他們毫不猶豫地打破禁止在京城中興建佛寺的規定，但至少仍盡力避免踩到底線，並未無視法律到直接在京城中興建「佛寺」的地步。

此類建築中最古老的，當屬六角堂。這座底面呈六角形的獨特佛堂，位在今日繁華的四條烏丸北側，是現在的六角通、當時的「六角小路」名稱的由來；其所在位置始終如一，明顯位於平安京裡。十世紀末，某不知名人士建造了這座屬於個人的佛堂後，它便漸漸以「六角堂」之名聞名於世。其正式寺名為「頂法寺」，直至室町時代

的應永二十五年（一四一八）為止，都設有「僧坊（供僧人居住的禪房）」，有僧人常駐；之後成為隸屬於園城寺的「末寺」，又與聖護院聯手，發展為足以與園城寺抗衡的氣派寺院[37]。

即使如此，古代、中世的人們仍稱它為「六角堂」，而非「頂法寺」。這一點非常重要，因為我們可以據此推測，當初人們就是為了宣稱「無論多麼雄偉氣派、無論知名度多高，它都不是『佛寺』，而只是單純的『持佛堂（放置佛像的場所）』」，才始終稱它為「六角堂」。

傳說六角堂早在平安遷都前的飛鳥時代，也就是聖德太子時代，便座落於此，甚至連寺院的官方說法都是如此。然而很遺憾，這似乎是寺院常見的誇大說詞，也就是為了提升寺院的權威性，而替自己的歷史灌水（自古以來，這種捏造歷史的狀況不勝枚舉）。事實上，目前沒有任何文獻紀錄能證明這座寺院（堂）在十世紀末之前就存在，考古學界至今也尚未發現早於平安時代的寺院遺址。

平安京的北側與西側，確實有北野的野寺（北野廢寺）、太秦的廣隆寺（蜂岡寺）等早在飛鳥時代就存在的寺院。野寺和蜂岡寺都是與聖德太子有淵源的寺院，再加上中世曾流行聖德太子信仰，因此那些誇大的寺院，或許是認為捏造類似的傳說，比較容易取信於人吧。至於六角堂，則可能還有另一個動機——只要宣稱自己的歷史比平安京還要悠久，就不會違反京城中禁止建造佛寺的規定了。

京城中另一座知名的佛堂是「因幡堂」。當時擔任因幡守的橘行平離奇地在因幡國發現了一尊藥師如來像，並在長保五年（一〇〇三）將佛像安置於此，故稱之為因幡堂。雖然它的正式名稱為「平等寺」，但在古代、中世同樣沒有人這麼稱呼它，直到室町時代，人們仍稱它為「因幡堂」。因幡堂至今仍座落於五條以北、東洞院以西，外觀怎麼看都是「佛寺」，長久以來卻自稱「佛堂」。

這些位於京城裡的寺院，很可能正是透過自稱「〇〇堂」、主張自己不是佛寺，來（試圖）減輕自己無視禁令的違規程度。而白河院也對這些既有的「佛堂」睜一隻眼閉一隻眼，完成他「讓平安京與白河各自代表現世與來世」的構想；他或許是不喜見佛教在白河以外的地區任意發展，並想一手掌控吧。傳說白河院曾舉出三件無法稱心的事情（亦即「天下三不如意」），而其中之一就是「山法師（延曆寺僧人的「嗷訴」）」，由此可知白河院確實強烈希望掌握一切。關於山法師，將在第四章詳述。

「京都」＝秩序之地（平安京）＋君臨之地（鳥羽）＋往生極樂之地（白河）

如上所述，由白河院打造的「京都」，乃是以下三個地區的複合體。

①平安京的殘骸……秩序之地（天皇維持現世秩序形式的地方）。
②鳥羽……君臨之地（院實際執掌現世政治的地方）。
③白河……往生極樂之地（院以下的眾人祈禱能在死後獲得安樂的地方）。

這種複合狀態，就像一臺老舊的電腦。電腦通常買了幾年之後，就會漸漸不堪使用，因為記憶體的容量和CPU（中央處理器）的計算能力會愈來愈不夠，跑不動新世代的軟體。不過，只要擴充記憶體，或是外接可提升計算能力的設備，便能繼續使用。

平安京其實就好比一臺過時的電腦。剛完成時雖是當下最新型的機器，但有一半的零件（右京）打從一開始就派不上用場，可說毫無用處。因此，朝廷決定捨棄那一半，增加真正需要的零件。如果不想受到舊作業系統（天皇制）束縛，並讓最新的作業系統（院政）順利運作，就必須準備可相容的硬體（鳥羽），將它外接於平安京。同時，朝廷也在鳥羽執行了相容於這套新作業系統的最新軟體（國家級官方活動），也就是流鏑馬。

此外，當初在設計舊作業系統和機器時，有個功能原本對朝廷而言不太重要，如今卻變得不可或缺，那就是——佛教。想要有效率地大量執行最新的軟體（大規模的佛事），就必須準備專用的硬體，於是朝廷又安裝了蓋滿巨大中央處理器（寺院）的白河。透過上述比喻，各位應該更容易理解才是。

「天下＝京都」之謎

其實，在這個時期誕生的，並不止「京都」。某個與京都有關的重要概念，也是從這個時期開始在文獻中留下明確的紀錄——那就是「天下」。

各位讀者可能會感到疑惑，這個用法不是存在很久了嗎？沒錯，「天下」一詞，至少在五世紀的獲加多支鹵大王（倭王武＝雄略天皇）時代，便已經出現。不過我在此想討論的，是「天下」的意義轉變為與京都同義的現象。

白河院政期的天永四年（一一一三），奈良興福寺的「大眾」（僧侶）發起「嗷訴[38]」，進攻京都，而白河院立刻召集平正盛（平清盛的祖父）等武士抵禦。平正盛等人前往京都南郊的宇治，迎擊僧侶的嗷訴。關於平正盛及嗷訴與武士，將分別於第三章及第四章詳述；現在重要的是，當時的文獻是如何記載這場合戰的呢？我在研究藤原宗忠的日記《中右記》的過程中，在合戰發生當天，也就是四月三十日的日記裡，發現了一個有趣的事實。這段內容相當重要，故引用原文如下（兩個關鍵字分別以底線及波浪底線標示）。

今日申時許，南京大眾於宇治一坂南原與京武者已合戰。

這段文字意為：「今天的申時（下午四點）左右，從奈良出擊的興福寺眾僧，在宇治一坂的南原一帶，與從京城出擊的武士展開合戰」。假如光看這一段，確實只是一般常見的嗷訴紀錄，並無特殊之處；然而，我留意到藤原宗忠在同一天的日記裡，用不同的文字重複描述了同一件事情。將兩者加以比較後，我發現兩段文字之間有著微妙的差異。我將另一段原文引述如下。

武士丹後守正盛以下，天下武者源氏平氏輩，皆為禦南京大眾，遣宇治一坂邊也。

這段文字意為：「以平正盛為首的源氏、平氏等天下武者，皆被派遣至宇治的一坂一帶，以抵禦來自奈良興福寺的大眾之進攻」。比對兩段記載，可知標示底線的部分與標示波浪底線的部分各自互相對應。「京武者」與「天下武者源氏平氏輩」，毫無疑問是指同一群人，而標示黑點的部分與標示雙底線的部分，也分別彼此對應，指涉相同的事物。

這裡所謂的「天下武者源氏平氏輩」，並不是指「當時住在京城、來自全國各地的武士」，因為文獻中並沒有任何「為了應付嗷訴而從全國各地召集武士」的相關紀錄；而這一次也並非特例，事實上每次的嗷訴，都只由當時湊巧人在京城的武士負責抵擋。

這麼一來，「京城」與「天下」的關係就相當耐人尋味了。在日語中，「天下」一詞通常意味著「全世界」或「全國」，例如「天下統一」、「天下一品」、「天下無雙」等。實際翻閱國語辭典或漢和辭典，也可確認「天下」只有這一種意思。然而，上述文獻裡的「天下」，怎麼看都不是「全世界（全國）」的意思，而只能解釋成「京城（京都）」。於是我們可以導出一個驚人的結論：原來對當時的朝臣而言，「天下」的範圍僅限京都。

在攝關政治巔峰期出現的「天下＝京都」概念

我們可以更進一步推測：對朝廷的貴族而言，所謂的「全世界」只是小小的京都；而我們也無法否認，這顯示他們的視野狹隘至極。平安時代的貴族對地方行政——尤其是民政——漠不關心；他們唯一關心的，就是來自各地的歲貢，地方的人民不過是供他們強取豪奪的對象。他們在上朝時總是表現出關心民政的模樣，但實際上卻從不曾認真採取行動，由此可知那些關心都只是表面工夫。在他們的心中，憫恤蒼生就像一種身為統治階層就必須跟上的流行，一切都是為了維護自己的尊嚴。因此，他們確實很有可能只將自己目光所及的範圍，亦即他們身處的京都盆地視為「全世界」。

不過，以「天下」代表「日本全國」的原義，當然也沒有被遺忘。在十世紀初，朱雀天皇的攝政藤原忠平曾在日記裡提到，朝廷舉行讀經的目的是「為祈甘雨、年穀並天下平安也」[39]，意思是在久旱時節祈求降雨、豐收以及「天下的平安」。此文中的「天下」，無疑是指「日本全國」。此外，藤原忠平之子藤原師輔也曾在日記裡寫到，朱雀天皇在即位後首度觀賞信濃國獻上的馬匹時，「天皇知天下後，今日初有此事」[40]。文中的「知」意為「統治」，再加上前文提到「即位後首度」，可判斷這裡的「天下」也是指日本全國。藤原師輔在回顧朱雀天皇在位時的作為時，亦寫道「而上皇〔朱雀〕天下間」[41]。直到這個時期，朝臣日記中的「天下」皆指涉日本全國，無一例外。

然而到了下一個世代，情況就改變了。在藤原師輔的姪子（其兄藤原實賴的養子）——藤原實資的日記《小右記》中，已大量出現「天下」明顯不是代表日本全國的例子。例如永觀二年（九八四），位於內裡最內側的日華門附近，有一名身穿靛青色衣服的可疑分子出沒，而藤原實資在當天的日記裡寫到：「此事天下所怪而已」[42]。以當時資訊傳播的速度而言，發生在內裡的事情，一天之內頂多只能傳到京城及近郊（若派出快馬則另當別論，不過，只是「有可疑分子出沒」這種程度的小事，不可能派出快馬）。因此，那一天對這件事情感到「怪」的「天下」之人，必定是京城的居民。

除此之外，藤原實資也曾針對右大臣造訪大納言家一事做出批評，表示「大臣未有向納言家之例，天下之人頗驚無極」；又在某次看見僧侶的隨從人數眾多且服裝過於奢華，而寫道「天下之人尤所驚奇」[43]。如同上述理由，這裡的「天下」，也不可能指日本全國，而是等同於京城的意思。

上述造訪大納言家的右大臣是藤原兼家，他是藤原師輔之子（藤原實資的堂兄弟）、藤原道長之父。當時正是攝關政治即將進入巔峰的時期，朝臣撰寫日記的文體，也明顯從這個時期開始改變；因此我們可以推測，人們對「天下」一詞的定義，在藤原師輔的世代與藤原實資的世代之間急速地產生變化。攝關政治的巔峰期，正是政局走向朝廷內部眾多小勢力彼此鬥爭的時期，亦是藤原氏將政治私有化的極盛期。在這樣的背景下，人們的視野逐漸變得狹隘，將京城內部的觀點（而且僅限於名為「宮廷」的這個小世界）視為「天下」的觀點，也是極其自然的。

之後，藤原實資在記錄天皇即位後首次舉行的佛事與祭禮時，使用了「治天下初仁王會（一種佛事）」、「當時治天下之始神事」等敘述[44]，顯示以「天下」代表「日本全國」的用法依然存在。換言之，在當時，「天下」的意義除了原本的「日本全國」之外，還衍生出了「實際上僅限京城」的用法。不過，藤原實資只是「實際上以京城的觀點來代表日本全國的觀點」，並非認為在地理上「京城＝天下」。

影響戰國時代「天下＝畿內」的院政期「天下＝京都」說

有證據顯示，在五百年後的戰國時代，「天下」一詞的用法確實有著明確的區隔。當時，路易士．佛洛伊斯（Luís Fróis）以耶穌會傳教士的身分來到日本，並近距離觀察織田信長、豐臣秀吉時代的政治局勢；在他所撰的編年史《日本史》中，就有許多這樣的敘述。例如「當時掌握天下（Tenca）最高統治權，實行獨裁專制的，就是松永霜台（久秀）」、「日本的君主國（monarchia），也就是天下（Tenca），乃由三名異教徒（三好三人眾）[45]所統治」等等[46]。

「三好三人眾」與松永久秀都是三好家的有力人士，而三好家只是一個小勢力，其勢力範圍僅限於畿內（五畿內＝山城、大和、河內、攝津、和泉）。若將三好家的勢力範圍稱為「天下」，那麼這個「天下」便只代表畿內。另外，書中也提到「天下（Tenca）主要之國——河內國與攝津國」[47]。站在日本全國的立場來看，河內與攝津實在無法稱為「主要之國」，因此這段敘述也可作為「天下＝畿內」的佐證。

幾乎與佛洛伊斯同時期（僅稍晚一些）在日本生活的耶穌會傳教士陸若漢（João "Tçuzu" Rodrigues），在《日本教會史》（第五章）裡的敘述更是具體（江馬務等譯，一九六七、一九七〇）。根據他的說法，日本國土劃分為多個地區（província），位在中央，也就是都（Miaco）／京（Kio）所在的地區，稱為上（Cami）或畿內（Kinay）／五畿內（Gokinay），「意思是國王所在的地區或中央地區」。這個解釋與一般對五畿內的認知完全一致。

陸若漢接著說明：「五畿內又稱為天下（Tença〔Tenca 的誤植〕），意指統治日本的帝國或君主國」。這便是當時人們認為「天下＝畿內」的鐵證。

陸若漢又繼續這麼說：「統治此地者，即為統治天下（Tença〔Tenca〕）者，擁有全國性的命令權、支配權與統治權。此人乃王國的總司令官，人們一般稱他為天下（Tença）殿、將軍（Xôgun）或公方（Cubô）」。換言之，他們認為，既然「統治國都所在的畿內，就等於統治日本全國」，那麼根據此邏輯，將統治天下（日本全國）者所居住的畿內稱為「天下」，應該也不成問題。

佛洛伊斯也在《日本史》中提到：「織田信長是國都及日本人口中意指日本王國的天下（Tenca）之主」、「天下（Tenca）即日本王國」等[48]，顯見他的認知也確實是「天下＝日本全國」，而且這個概念與「天下＝畿內」的概念並存，因為佛洛伊斯另外也提到：「天下（Tenca）即『國都的君主國（monarchia）』」、「天下（Tenca）即日本人的君主國」[49]。假如「國都所象徵的君主國」等於「日本人的君主國」，那麼「天下＝日本全國」及「天下＝畿內」的概念，便不是耶穌會傳教士個人獨斷的見解，而是他們對當時日本人的認知所做的忠實紀錄。此外，著名的織田信長「天下布武」印章也是一樣，根據目前最有力的說法，這裡的「天下」指的亦是「畿內」，絕非「希望以武力統一日本全國」之意[50]。

在戰國時代，「天下＝日本全國」與「天下＝畿內」這兩種概念並存（雙重結構）的現象，毫無疑問是受到攝關政治期「天下＝日本全國」與「天下＝京城」並存（雙重結構）的影響。上述兩個時代相隔五百年，在這之間，「天下」的範圍產生了微妙的變化，由「京城」轉變為「畿內」。有關上述變化的細節，在此暫不討論，但特別值得一提的是，在攝關政治期，「天下＝京城」只不過是傳言散布範圍的問題，但在白河院政期的例子裡，卻已經變成地理上的問題。這個轉變，與戰國時代人們以地理的角度看待「天下＝畿內」極為相近，而且與「京都誕生」這個極富歷史意義的重要事件在同一時期發生。「京都」的誕生，造成那一帶土地所代表的意義，在當時的日本人心中產生了變化；而與那塊土地密不可分的「天下」一詞的概念，或許也因此連帶受到影響了吧。由此可知，「京都誕生」的衝擊足以改變當時「天下」一詞的意義，同時也是日本邁向中世的一大步。

「京都」是「天」諭示「天命」的土地

在本章的最後，我想說明院政期特有的「天下＝京都」這個概念形成的邏輯。由於此觀點與「天下＝畿內」不同，因此研究戰國史的學者無法說明；同時，它也不同於「以『天下』代表宮廷」這種狹隘的觀點，因此也無法從這個角度來解釋。倘若忽略了與京都誕生直接相關的院政期，這個問題便可能永遠無法獲得解答。

「天下＝京都」這個等式究竟是如何導出的呢？就我所知，只有儒教的世界觀才能做到。更具體地說，應該是儒教中「禮」的思想。

我們認為「天」就是天空，世界上的任何一片土地上都有天空，因此導出「天空之下」就是「全世界」的結論。然而，這種想法其實是受到現代觀念的侷限。各位也許會想到《古事記》、《日本書紀》等神話中的天照大神或天孫降臨等故事，但根據神話來思考天皇與天的關係，也只是受到近世偏狹的國族主義所影響。中世以前的日本人，世界觀其實更多元、更有彈性。

在日本，來自中國的儒教、佛教以及神祇祭祀（神道信仰）三者並存，從古代、中世的朝臣所撰寫的日記，可以明顯看出他們生活中充滿儒教的世界觀。當這些朝臣在日記裡提到「天」或「天下」時，心中想著高天原或天照大神的可能性趨近於零；他們心中浮現的概念絕對是儒教概念中的「天」。當時的朝臣日記，只要是有留下文字紀錄的，我幾乎都讀遍了，因此我可以斬釘截鐵地這麼說。

在前近代的日本與中國，「天」並非單純指天空。根據儒教的基本原理——「禮」的思想，「天」乃是萬物的起源，世界上森羅萬象的一切都是由「天」衍生出來的。而在「禮」的思想中，因果關係與先後順序是最重要的。換言之，假設「B源自於A」，那麼A必定比B尊貴；例如雙親必定比孩子尊貴，因為若沒有雙親，孩子便不會誕生。而假如A與B不具因果關係，人們則會將先存在的視為本質、將後來出現的視為附屬，亦即由先後關係決定尊貴程度。例如當「B在A之後才出生」，則A絕對比B尊貴，也就是老人比少年尊貴、兄比弟尊貴。

根據此觀點，身為萬物起源的「天」可謂比什麼都尊貴。「禮」的思想認為：世間萬物皆源自「天」，而「天」賦予萬物的職責，也全都遵循這個世界的道理。因此，任何人倘若僭越自己的職責，就等於違逆世界的道理，絕對不會有好結果。因此居下位者必須順從上位者，展現敬意。而「天」也會觀察由自己衍生出來的人類，挑選一名適任者來監督人類；而這個被選上的人，原本稱為「王」，自秦始皇開始又稱為「皇帝」，故合稱「帝王」。「天」任命帝王一事，稱為「授予天命」；一般又習慣以親子關係來比喻，因此稱帝王為「天子」。任命王者的「天」，具有等同於神的地位，在古代中國稱之為「上帝」或「昊天上帝」。而且，所謂的「昊天上帝」似乎並不是單一的神，而是眾多神祇的集合體，因此中國認為必須將其整體視為「天」，才是正確的想法。

最重要的是，他們認為「天」是一種身處於天上的存在，而非天空本身。在身處地面的人類眼中，天空是「面」的概念，「天」卻是一個「點」的概念。那麼，「天」究竟位在天空的什麼地方呢？接下來雖然是我的推測，但在邏輯上，似乎也只有這個可能性。

我想請各位讀者想像一下天命降臨在王者身上的情景。請問天命會是以傾斜的角度落在王者身上嗎？不可能吧？最自然的狀況，應該是從王者的正上方垂直降下。既然如此，降下天命的「天」，應該就位在天皇的住處，亦即國都的正上方。京都位在至高無上的統治者「天（昊天上帝）」的正下方，故稱為「天下」。之後，「天下」之所以不單單指京城，也被擴大解釋為以京城為中心的畿內，乃是因為位於「天」正下方的王者（天皇）住處，既可狹義解釋為京城，亦可廣義解釋為畿內（在中國的「禮」思想中，「畿」意指國都周圍由王者管轄的領地）的緣故。

事實上，白河院本身不但不熱衷儒學，甚至連學習儒學的紀錄都很少，因此「天下＝京都」這個等式，不可能是白河院所發明的。不過在白河院政期，倒是有一位流芳後世，堪稱宏儒碩學的儒學家——大江匡房。

大江匡房是白河院的近臣，著作繁多，除了記載各種典禮儀式的《江家次第》外，還著有《續本朝往生傳》、《本朝神仙傳》、《江談抄》等語錄，以及漢文散文作品集《江都督納言願文集》與詩集《江帥集》等；也有許多漢詩、漢文被收錄在《本朝續文粹》、《朝野群載》、《本朝無題詩》等書中。另外，文獻中也提到他曾教導源義家「雁群亂飛時，其下潛敵兵」等兵法（用兵之術），使源義家在後三年合戰中藉由實踐其教誨而度過危機的逸事[51]，可見大江匡房學識淵博、功績卓著。

直到信西（後白河天皇的近臣，將於第五章詳述）出現為止，大江匡房都是院政期儒學家的第一把交椅。既然大江匡房身為白河院的近臣，那麼將白河院所創造的「京都」這個新都市與「天下」概念連結起來的儒教邏輯，便極有可能是由他所提供。

第三章

成為武士代表的平氏

——與京都及院政融合的新型態勢力

平正盛的出現與躍進——促進「京都」形成的關鍵人物

白河院政創造了京都這個容器（硬體），同時改變了京都的社會結構，將過去活在陰影下的一群人塑造成新的英雄，也就是京都的主角。這群人就是平家一族（狹義而言，在平氏家族當中與平清盛直接相關的人，一般稱為「平家」）。若沒有白河院政，就不會有平家的崛起，平家也不會與白河院政（如字面意義般）合為一體，孕育平清盛的權力。平家的繁榮，可謂白河院政一手促成。

平清盛的祖父平正盛，是討伐平將門之平貞盛的玄孫。儘管平貞盛在承平、天慶之亂中幾乎沒有貢獻，卻因為將多名兒孫獻給攝關政治，為其增添忠誠的武力與掠奪者，深獲信賴，於是在各國歷任受領，躋身富裕階層。然而，相較於從平忠常之亂便開始極力追討朝廷之敵，立下豐功偉業而攀上武士頂點的源氏，平氏並沒有這樣的機會。在平忠常之亂中，一開始奉命討伐的平氏完全派不上用場，最後是靠源氏解決；這個差異，似乎正是決定兩家日後走上不同命運的關鍵。

雖然平正盛作為武士的名聲不如源氏，但卻掌握了源氏錯失的、在新時代存活的關鍵——對院政的順應，亦即白河院的寵信。

平正盛受到白河院高度信任，確保了平家嫡系的地位。此外，他至少曾經擔任過隱岐、若狹、因幡、但馬、丹後、備前等國的受領，其中若狹守更是連任。平正盛在擔任受領的過程中累積龐大的財富，並將大部分獻給白河院。永久三年（一一一五），白河院的新居——白河泉殿的建築工程與費用，全部由平正盛負擔，正是其中一例。

在此之前約莫二十年，也就是嘉保三年（一〇九六），白河院最疼愛的女兒郁芳門院（媞子內親王）年僅二十一歲便過世，白河院悲慟之餘決定出家。從永長二年（一〇九七）至隔年承德二年，平正盛將伊賀的山田村、鞆田村進獻給郁芳門院生前與白河院同住的六條院，使其成為莊園，以提供憑弔、祈福所需的財源[1]。當時平正盛擔任隱岐守，早已受到白河院的提攜。事實上，倘若雙方的關係不夠密切，應該也無法獲得這種進貢領地的機會吧。

平正盛的這個舉動，緊緊抓住了當時傷心欲絕的白河院的心。承德二年正月，甫結束隱岐守職務的平正盛，立刻又被任命為若狹守；四年後的康和四年（一一〇二）

七月，他又續任若狹守[2]。根據文獻，平正盛在五年後，也就是嘉承二年（一一〇七）擔任因幡守，因此可推知他在續任若狹守（四年）後，又立刻轉為因幡守。在激烈的官場競爭中，平正盛的經歷毫無空白，不斷連任受領，可謂重現了其祖先平貞盛留給子孫的平家主流派榮景。

重要的是，在這段期間裡，平正盛從來沒有離開過京都。他委託「目代」（代理人）處理受領在領地的工作，而自己則始終待在京都，緊貼著白河院；他以受領的身分從地方上得到的利益，也大多花在對白河院的進獻。

平正盛在擔任因幡守的嘉承三年（一一〇八）正月，被任命為「院北面」[3]。院北面是白河院所設置的近臣職位，後來身為武士的院北面被稱為「北面武士」，成為直屬於白河院並深獲信賴的重要武力。過去，瀧口武士是負責保護天皇的內裡守衛，守護著與內裡密不可分的平安京中樞，但北面武士則不受平安京所侷限。他們的工作是常駐院御所的「北面（北區）」，而院御所（儘管位於平安京之外）正是「京都」的中樞。平正盛等北面武士是守護京都中樞（院）的鐵壁，可謂京都不可或缺的一部分。

為了在京都迎向巔峰，平正盛必須暫時離開京都，以當時氣勢低迷的源氏為踏板，向上一躍。他所做的，就是在嘉承二年（一一〇七）～三年對源義親進行討伐。

取代源義家的源義綱

源氏的式微始於後三年合戰的失敗。如前所述，歷經一番激戰之後，源義家雖然平定了奧州，卻仍被認定為殺戮者，令朝廷從此對他產生戒心。此外，他的弟弟源義光身為左兵衛尉，卻拋下維護京城治安的職責，趕赴奧州支援。於是在人們心中，源氏成為藐視朝廷規定、難以融入社會的一族。當時源氏之中唯一留在京都的有力人士，就是源義家的弟弟、源義光的哥哥——源義綱。既然源義家與源義光不顧京都的治安而擅離職守，朝廷當然必須再找一個人取代，並且加以栽培，否則將無人守護京都。

應德三年（一〇八六）九月，關白藤原師實在朝廷上針對「陸奧兵亂」提出對策，討論是否應任命源義綱為出羽守，以收拾事態[4]。當時後三年合戰的下半場戰役才剛展開，該年冬天清原家衡佔據沼柵，源義家在包圍戰中死傷慘重。或許是因為得知此消息，十一月，藤原師實召來源義綱，針對其兄長必須負起責任的「義家合戰」問話。

不過，最後朝廷並沒有把源義綱趕出京都；因為最後的結論是：奧州的戰役只不過是「源義家的合戰」，並不是朝廷的戰爭，因此與朝廷無關。從關白直接召見源義綱問話的這一點看來，朝廷應該十分信賴源義綱。在源氏愈來愈不受控的狀況下，對意圖掌控源氏的朝廷而言，源義綱可說是最後的寄託。

白河院決定讓源義綱取代源義家，將守護京都的重責大任託付給他。一旦事已至此，京都的一切便開始在沒有源義家的狀態下運作；但即使如此，日後歸來的源義家，仍在京都以武士的身分繼續壯大，埋下了兩人註定爆發衝突的種子。

京都險成戰場的危機——源義家與源義綱的衝突

同在京都的源義家與源義綱，隨即形成對立狀態。後三年合戰結束後四年，也就是寬治五年（一〇九一）六月，雙方的衝突可謂一觸即發。衝突的起源，據說是源義家的郎等與源義綱的郎等在爭奪河內國領地的所有權。當兩個不同幫派的小弟起爭執，老大就會出面，接著事態便一發不可收拾；同樣的道理，郎等之間一旦發生爭端，領主也會出面，於是演變成領主之間的衝突。這是因為，倘若小弟或郎等受到不公平的對待，老大或領主也會臉上無光，而這是重視名譽的老大或領主所無法忍受的。

更重要的是，留在京都的有力武士遠距操控郎等來管理領地的情況形成常態後，地方上的衝突便立刻被帶進京都，使得京都成為衝突爆發的戰場。這也是平安京所沒有的、專屬京都的特質。其實，十五世紀的室町幕府也有一模一樣的狀況，無論是導致應仁之亂的政治狀態，或應仁之亂本身，都是因為地方上的爭端全部集中在中央，使京都變成了戰場。京都不但引入了地方上的爭端，更使動亂程度加劇，儼然是促使代表當事人的雙方領主陷入衝突的觸媒。

源義家的郎等陸續集結於京都，使情勢變得更為緊張。關白藤原師實立刻召開首腦會議，試圖掌握事態的發展。當時藤原師實要求當事人說明原委，源義家辯稱，有一名檢非違使警告他「源義綱即將發動攻擊，戰爭一觸即發」，因此他只能做好準備；而他的郎等分散各地，因此必須趕緊召回。此時，另一名檢非違使也將源義綱陣營的辯解轉告藤原師實：源義綱表示他是聽說源義家即將發動攻勢，所以才進行準備，自己並沒有主動攻擊對方的意圖。看來就連檢非違使也分裂為源義家派和源義綱派，各自揑造對己方有利的資訊。

在武士的時代，不少戰爭的開端皆是如此。雙方疑神疑鬼，對彼此的戒心與防衛意識不斷升高，再加上聽見親信或群眾毫無根據的臆測，讓當事人以為自己身處危機，判斷自己必須早對方一步發動攻擊，於是武力衝突就此爆發。發生在大約半個世紀後的保元之亂，以及發生在大約一個世紀後的法住寺合戰（木曾義仲突襲後白河法皇御所的事件），亦是如此。許多攸關能否取得天下的重要戰爭，皆非出自當事人本意，而是彼此疑神疑鬼所導致，這在武士的時代其實並不罕見。這些史實，讓現代人學到了有關戰爭的寶貴教訓。

回到主題，藤原師實將兩者的主張轉達白河院，請他做出判斷。在這個時期，關白的地位已經大不如前，只能為了聽取院的最後判斷而奔走準備。根據關白藤原師實之子——藤原師通的日記《後二條師通記》記載，當時白河院下令：「但兵事可遣返也，子細退可申也（無論如何都必須撤兵，詳情等撤兵後再報告）」，並命令諸國國司制止源義家等人的郎等入京。另外，依據當時的日記等文獻所撰、完成於鎌倉時代的史書《百練抄》中，也提到當時白河院下令禁止諸國百姓「以田畠公驗好寄義家朝臣（自願將田地及所有權狀獻給源義家）」。源義家的莊園不斷累積，侵害了源義綱的權益，導致爭端發生，因此白河院決定直接禁止問題的根源，也就是進獻。

具有如核子武器般「牽制效果」的源義家

有趣的是，儘管源義家逐漸失去朝廷的信賴，諸國卻殷切盼望他成為莊園的領主。百姓貢獻自己的田地，使其成為莊園的目的之一，就是希望透過提供一定的利益，來換取權門的保護。每個人都「自願」向源義家進獻土地，正意味著源義家是眾人公認最強、最值得信賴的權門。源義家的郎等之所以被派遣至各地，而不在京城，想必就是為了經營、維護那些由全國各地百姓所貢獻的莊園。

相較於完全順應朝廷的源義綱，某種程度脫離體制的源義家反而更有人望，或許是因為源義家的實力看起來遠比其他人強吧。源義家少年時期在前九年合戰中英勇神武地奮戰，對勝利大有貢獻的逸事，在京城眾所周知[5]。相對地，同樣曾赴戰場的源義綱卻沒有任何類似的故事。此外，源義家在後三年合戰中也取得勝利。諸國地主絲毫不在意那些戰役是否具有足夠的正當性，他們只看見源義家從來沒有打過敗仗；最重要的是，他們相信既然源義家擁有人人聞風喪膽的武力，那麼受到源義家保護的田地，當然也無比安全。

源義家不可能為了分布在各地的田地逐一出兵，而事實上他也沒有必要這麼做；只要人們知道「一旦源義家出動，便無人能敵」就足夠。

源義家有許多類似的逸事流傳。據說某天半夜，數十名強盜侵入一戶人家，當時湊巧源義家正與這戶人家的女性共度春宵，強盜聽見他的聲音，便說：「是八幡大人（源義家又稱八幡太郎），我們放棄吧！」接著立刻逃離[6]。又有一次，源義家在左大臣源俊房的家中下棋時，一名逃犯闖入；隨從對他說：「八幡大人現在在這裡喔，你還是束手就擒吧。」於是逃犯便立刻棄刀投降。甚至傳說白河法皇在睡夢中遭到怪物驚嚇時，將源義家的弓放在枕邊，怪物就再也沒出現了[7]。這些傳聞，代表著每個人（甚至包括怪物）都深信自己百分之百打不過源義家。源義家就像核子武器一樣，具有牽制敵人，使其不敢輕舉妄動的效果，光是身在京都，就能嚇阻犯罪。如此超乎常人的氣勢，在源義綱身上則完全看不到。

源義家一家的沒落——源義親之亂與繼承紛爭

然而，源義家這股令京都為之震撼的魄力，卻被身在外地的家人摧毀。康和三年（一一〇一），源義家的次子，也就是當時擔任對馬守的源義親侵略九州，做出大逆不道的行為，導致源義家成為「沒有辯解餘地的叛賊之父」。隔年二月，源義家派郎等首藤資通（資道）前往收拾事態，孰料首藤資通竟殺害同行的朝廷使者，加入源義親陣營[8]。這些行為顯然會使源義家陷入難以挽救的窘境，但他們為何沒有考慮到呢？至今仍是一大謎團。總而言之，經過了這些，源義家烙印在人們心中的形象便成了「連兒子和郎等都管不動的無用家長」。

嘉承元年（一一〇六）六月，源義親的問題都尚未解決，源義家的另一個兒子——源義國又惹了新的麻煩。源義國是足利氏與新田氏的祖先，他在常陸與叔父源義光等人展開合戰，朝廷要求身為父親的源義家負起責任，召回源義國[9]。經過這場騷動，源義家的形象變成「沒有能力好好教育兒子，連兒子和弟弟都管不動的家長」。源義家始終沒能挽回名譽，一個月後便辭世[10]。

就連在源義家生前都尚且如此，在他死後，源氏一家的主導權爭奪戰當然更激烈。源義家的長子源義宗已成故人[11]；次子源義親與四子源義國皆是通緝犯；五子源義時、六子源義隆則因為年紀太小，不在討論之列。唯一規矩正派又能繼承家業的子嗣，只剩下三子源義忠。

源義忠是檢非違使，在朝廷的評價似乎不差。然而就在源義家死後三年，也就是天仁二年（一一〇九）二月，源義忠卻在京都慘遭殺害；據說他是被自己的郎等「刃傷」[12]。從此，京都便成為源氏一家自相殘殺的舞臺。

當時人們懷疑殺害源義忠的凶手，很可能就是他的叔父源義綱、源義光兩兄弟。不難想像，他們或許認為自己身為源義家的弟弟，又有豐富的汗馬功勞，當然比年紀輕輕又毫無成績的源義忠更適合成為源義家的繼承人。因此，民眾相信他們擁有殺害源義忠的動機。

尤其是曾與源義家起衝突的源義綱，更是民眾心中的頭號嫌犯。於是，白河院命令檢非違使源重時強行搜索源義綱在京都的住處。據說當時源義綱的三子源義明因為頑強抵抗，而死在檢非違使手中[13]。白河院所打造的京都，其實打從一開始，就烙印了武士那種輕易賭上性命互相殘殺的行為模式。

源義綱似乎是冤枉的[14]，源義明當下奮不顧身的抵抗，很可能就是最好的證明。不過，源義明的死使源義綱怒不可遏，於是他拋下京都的家，逃往東方。當時人們推測，他應該是打算逃到自先祖以來代代深具影響力的坂東，而他的行徑，在隔天被記錄為「如謀反」[15]。一旦被貼上殺人犯的標籤，無論做出什麼舉動，似乎都會被視為犯罪（的準備）。翌日，源義綱在近江出家的資訊傳入京城，攝政藤原忠實派出檢非違使前往近江確認此事。五天後，源為義（源義親之子）找到源義綱的藏身之處；又過了六天，源義綱便被流放至佐渡[16]。

據傳源義綱出家的地方是位於甲賀郡的寺院。甲賀郡是近江國最偏遠的郡，與伊賀相鄰，屬於山地。源義綱選擇此地，或許是想展現他決定拋下一切、隱遁深山的意志，抗議這個欲陷他入罪的社會，同時表明不與朝廷為敵的態度吧。

源義綱被源為義找到的時候，想必也沒有抵抗。因為若非如此，他不可能僅被判流放，而是與在京城抵抗的源義明一樣，直接命喪黃泉才對。儘管沒有任何證據顯示源義綱是殺人兇手，他卻仍然遭到流放，很可能是因為他違反了「五位[17]以上者不得擅自離開京畿」的規定[18]。

順帶一提，假如源義綱是清白的，那麼真兇究竟是誰呢？有一說是他的弟弟源義光。根據南北朝時代的系譜《尊卑分脈》，實際動手殺害源義忠的人名為鹿島三郎，而教唆他行兇的，是對源義忠抱有「猜（忌疑、妒恨之心）」的叔父源義光。源義光擁有和源義綱相同的動機，更曾兩度無視規定擅自參戰，基於這種源義綱所沒有的衝動、暴戾性格，此說法的可信度相當高。

不過，源義光終究還是沒有成為一家之長。他在東國的常陸留下佐竹氏、在甲斐留下武田氏等子孫後，便在東國辭世。他既沒有獲得白河院青睞的機會，也沒有付出足夠的努力，自然無法成為大眾認可的源義家繼承人。

另一方面，源義綱的政治生命也就此告終。到了中世，已完全沒有自稱源義綱子孫的武士，可知其子嗣已經斷絕。

源義家的下一代當中，已經沒有足以繼承源義家的人；唯一適合的人選，只剩下源義親之子（源義家之孫）源為義。然而，他繼承的地位卻不是如源義家一般的「武士長者（領導者）」[19]。由於悲慘的自家內鬨而喪失權勢與社會信賴的源氏一族，到頭來只是單純的有力武士罷了。

情勢逆轉──「無用的平氏」與「有用的源氏」

源氏的沒落，等於送給平家一個翻身的好機會。在源義忠遭殺害的一年前，也就是嘉承三年（一一〇八）的春天，平正盛打敗了源義親，凱旋歸來。

康和三年（一一〇一），當時擔任對馬守的源義親不斷隔海襲擊北九州沿岸，形同海賊，連父親源義家出面制止都沒有用，隔年更與郎等聯手殺害朝廷的使者。朝廷在該年年底決定將源義親流放隱岐[20]，但源義親卻沒有順從。有一說是他從隱岐脫逃後，來到日本海對岸的出雲，也有一說認為他根本沒有去隱岐。嘉承三年正月，源義親又做出令人難以置信的暴行──殺害出雲的目代（國司的代理人），奪走歲貢[21]。

源義親的叛亂行徑多年來令朝廷煩惱透頂，幾乎束手無策；而一切的癥結，就在於源義家的繼承人——源義忠沒有能力解決這個問題。就連倍受崇敬的父親源義家都無法令叔父源義綱、源義光和弟弟源義國臣服，源義忠當然更不可能控制他們。

源氏的力量難以集結，固然是無法追討源義親的原因之一，不過更關鍵的因素，應該是倫理方面的問題。必須被討伐的源義親，是源義忠的哥哥、源為義的父親。日本的倫理觀，原則上深受儒教的「禮」思想影響；而根據「禮」思想，尊親屬及年長者的地位是絕對的，在下位者非得尊敬他們不可，亦即父必定比子尊貴，兄必定比弟尊貴。正因為人們擁有這樣的倫理觀，因此朝廷不可能命令身為弟弟的源義忠、或身為兒子的源為義，去討伐身為兄長（父親）的源義親。

倘若連源氏一族這個當時日本最強的武士集團，都無法平定源義親的叛亂，到底還有誰能解決問題呢？當時排名第二的平氏，實在無法與過去可靠的源氏一族相提並論。

在此之前，平氏幾乎沒有累積任何能與源氏匹敵的功績。平氏不但不曾擔任討伐亂賊的主力軍，反而因為淨是「被討伐」的叛亂分子而惡名昭彰，例如幾乎奪走整個坂東的平將門、大鬧房總半島的平忠常，以及在出羽發動叛亂的平師妙等等。過去，平貞盛倘若沒有借助藤原秀鄉的力量，根本無法獨自討伐平將門。另外，在平忠常之亂中，平直方一度被任命為追討使，但卻因為毫無成果而遭到免職，使源賴信坐收漁翁之利。簡而言之，「平氏一族中，比較強的都會叛變、順從朝廷的都軟弱無用」的負面形象，已經深植於人心。平氏的人數眾多，又缺乏能夠統率一族的領導者，因此自平忠常之亂以來，幾乎沒有表現特別亮眼的人才。唯有一個人深獲白河院的信賴，可謂倍受期待的新星，那就是平正盛。源義親殺害出雲目代之後，白河院便毫不猶豫地任命平正盛為追討使。

平正盛在六波羅建設佛堂，接續白河的佛教空間

平正盛一家在「京都」誕生的過程中扮演極其重要的角色，他開發了鴨川以東的地區，打造六波羅作為平家的根據地，擴展了京都的範圍。此事起源於平正盛對開發白河的貢獻，其中永久二年（一一一四）八月，白河院打算在「國王的氏寺」——法

勝寺中興建新的阿彌陀堂（新阿彌陀堂，又稱蓮華藏院，位於白河南殿（泉殿）的西側，但卻是法勝寺的一部分）時，平正盛出面建造並進獻一事，尤為關鍵[22]。

從法勝寺的營建開始發展的新興地區白河，基本上是一個寺院區。儘管白河院的御所也座落在此，但此時並不像當初建造鳥羽殿時一般，幾乎把整個朝廷給搬過來。平正盛雖然積極在白河建造伽藍、堂塔，進獻給白河院，但他本人卻沒有住在白河。

相對地，他找到了一個緊鄰白河的新居住地，並在此開發——也就是位於鴨川以東、白河地區以南、六條大路東端的「六波羅」地區。這個地區鄰接自古以來作為「葬送之地[23]」的鳥邊野，由於人們忌諱死者的穢氣，因此從來沒有人試圖將此處開發為住宅區；但這對平正盛來說卻完全構不成問題。或許是他身為武士，早已習慣過著與充滿穢氣的血腥與死亡相伴的生活，所以才不以為意吧。平正盛在法勝寺建造新阿彌陀堂的兩年前，亦即天永三年（一一一二），向珍皇寺買下兩塊田地[24]。位在平安初期由空也所創建的六波羅蜜寺附近的這片土地，正是平家作為根據地、迅速展開都市化的六波羅。

一年後的永久元年（一一一三），平正盛已在此地建造人稱「六波羅堂」的佛堂。白河院似乎十分中意六波羅堂，在二月及閏三月，兩度以「方違」（陰陽道中，為了避開不吉方位而刻意繞道的習慣）為由，留宿於此[25]。平正盛其實是透過將根據地設置於白河近郊，展現自己對白河院的忠誠。

經過了半年多，十月時，白河院的寵妃——祇園女御在平正盛的六波羅堂舉行供養《一切經》的法會[26]。《一切經》是「集結一切經典的總集」，中國的宋朝製版（木版印刷）後，有一部分流傳至東亞；「一切經供養」應是祇園女御為紀念獲得此刻本而舉辦的法會。六年後的元永二年（一一一九）八月，平正盛本人也在這間六波羅堂舉辦「一切經供養」[27]，看來此類活動在當時蔚為流行。祇園女御特地選擇在平正盛的六波羅堂舉行此等重要的佛事，可謂意義重大。因為根據《平家物語》，祇園女御乃是平清盛的母親。

與白河院政過從甚密的平家——「平清盛為白河院私生子」之說

事實上，另有一說認為平清盛的母親是祇園女御的妹妹，或侍奉祇園女御的女房

（女官），但這並不重要。最重要的是，《平家物語》傳達了一個訊息：由祇園女御或其身邊的女性所生下的平清盛，生父正是白河院。據說該名女性已懷了白河院之子，白河院卻將她賜給平正盛的長男平忠盛，並交代：「假如生下來的孩子是女嬰，我就會讓她當皇女，好好養育她；假如生下的是男嬰，你就把他當作你的長子養育」。最後生下的是男嬰，而這個孩子就是平清盛。

儘管沒有證據證明此「私生子說」的真偽，但可以確定的是，當時朝廷對此說法深信不疑。朝廷根據的是平清盛的經歷：永曆元年（一一六〇），平清盛當上參議，也就是武士首度擔任公卿一事，就已經足以令人詫異，之後又迅速地晉升權中納言、權大納言，六年後更成為內大臣，隔年坐上太政大臣的位子，獲得朝臣中最高的地位。

反觀他的父親平忠盛，光是晉升為官等「四位」的刑部卿（主管刑事裁判的官衙首長，但已名存實亡），獲准「昇殿」（可進入天皇的住所，也就是位於內裡的清涼殿內之「殿上間」的資格），就遭到猛烈的批判（後述）。而他的下一代，竟然成為一人之下、萬人之上的太政大臣；這樣的經歷，就連魚躍龍門都不足以形容，讓人丈二金剛摸不著頭腦。作為長期研究中世朝廷的專家，我敢斷言：在當時，光靠功績或努力，是不可能獲得這種直線式晉升的；唯一能使其成真的因素，就是血統。而所謂的血統，正是「白河院私生子說」。

然而我必須在此重申，此私生子說是真是假，至今不得而知；我所強調的只是「當時的朝廷相信該說法為真」。關於此私生子說，我將在第六章詳述，並提出具體的證據。

這或許是平正盛與平忠盛父子的策略。當「緊貼著白河院政，迅速擴張勢力」這條路線走到了盡頭，他們導出的結論，便是「讓白河院與平正盛一家在血緣上融合」。他們覬覦的是：只要讓嫡子繼承白河院的血脈，把整個平家的地位一舉提升至最高等級，那麼繼承平正盛、平忠盛血脈的平家後代，便能以同家人的身分獲得破格高升的機會。事實上，平清盛成為官等「從一位」的太政大臣後，他的弟弟也全部晉升為公卿，他們的子、孫也接連擔任要職。

平家勢力急速擴張的關鍵，就在於白河院、懷了白河院之子的女性（祇園女御或其身邊的女性），以及讓嫡子平忠盛娶那名女性為妻的平正盛這三者之間的緊密關係。永久元年（一一一三），這三人在平正盛的六波羅堂共聚一堂。平家的全盛期，無疑是白河院政的延續，亦可說是平正盛因為長期對白河院展現忠誠而獲賜的獎賞。

八年前，也就是長治二年（一一〇五）十月，祇園女御在祇園社（現在的八坂神社）的南方興建了一座佛堂。該佛堂因富麗堂皇而聞名於世，據說「天下美麗過差，人驚耳目」[28]；「祇園女御」的稱呼，也是源自於此佛堂的所在地。祇園社位於四條大路的東端，因此座落於其南側的佛堂，等於位在與平正盛的六波羅堂北方不遠處。白河院、祇園女御、平正盛等三人，由北至南分別住在「白河→祇園→六波羅」地區，親信環繞在當權者身邊的情形，亦如實地反映於地理位置上。祇園女御及平正盛將自己的佛堂建於白河的南方而非北方，或許也是受到「君主在北，臣在南」的「禮」思想所影響。

平忠盛的始祖「三十三間堂」與「殿上闇討」

大治四年（一一二九）閏七月，祇園女御在白河的新阿彌陀堂——平正盛獻給白河院的法勝寺新阿彌陀堂——為白河院舉行亡後第四十九日的供養佛事。換言之，在這場祇園女御追悼白河院的佛事中，也可以看見平正盛的影子。同一天，原本侍奉白河院的北面武士接到命令：「今日可候院并女院北面（從今天開始侍奉鳥羽院與待賢門院（鳥羽院的皇后））」。這群北面武士的領袖，正是平忠盛[29]。這一天的佛事，其實也是宣告白河院與平正盛的緊密關係，未來將由鳥羽院與平忠盛來繼承的儀式。

平忠盛沒有辜負期待。他毫不吝惜地投注父親與自己在歷任受領期間累積的財富，在白河院死去三年後的天承二年（一一三二）三月，於白河南殿的東側建造了一座令人瞠目結舌的設施——得長壽院。得長壽院又稱「千體觀音堂」[30]，是一座能安置一千尊佛像（觀音菩薩的木雕像）的超大型佛堂。

提到「一千尊觀音菩薩像」，今日位在京都的鴨川以東、七條通以南的三十三間堂（蓮華王院）裡，也安置著一千尊千手觀音菩薩像。這裡可說是各級學校校外教學的必訪景點，想必許多讀者都曾經參觀。此佛堂正面寬幅達三十三間。「間」意指「柱與柱之間的間隔」。堂內擺設佛像處共有三十三個間隔，而建築物本身則有三十五個間隔，全長約一一八公尺，無論大小或形狀皆超乎常軌，極其獨特，世上幾乎找不到類似的建築。

然而，其實這棟建築的形式並非首創，它的藍本正是平忠盛所建造的得長壽院。得長壽院與蓮華王院一樣，供奉著一千尊觀音像，而且根據其落成儀式紀錄中所記載的「三十三間御堂，一千一體觀音」[31]，可知該佛堂正是「一座佛堂，寬幅三十三間」。

平忠盛建造得長壽院的目的，顯然是祈求能「得長壽」；當然，祈禱的對象是他所侍奉的鳥羽院及其家人。而他們壽終正寢之後所需的救贖，平忠盛也早已備妥，那就是佛堂裡的一千尊觀音菩薩像——而且應該是千手觀音像。一千尊擁有一千隻手的觀音菩薩，相當於觀音菩薩伸出一百萬隻手，引領他們前往極樂淨土。在當時，權貴階層普遍相信「多數作善」（只要多做一件善事，就能提高一分往生極樂的可能）[32]，例如唸頌佛號一百萬遍、參拜佛寺一百次等；而「將一千尊擁有一千隻手的佛像安置於三十三間的佛堂」，想必正是將此概念發揮至極致的結果。

一般認為，得長壽院的三十三間堂與蓮華王院相同，當初落成時為坐東朝西（極樂淨土的方位），建築往南北延伸；然而到了十七年後的久安五年（一一四九）五月，卻變成「頗西方傾」[33]。看來當時的建築技術無法跟上這個史無前例的獨特建築概念。儘管當時靠著維修撐過了一段時間，卻治標不治本；元曆二年（一一八五）七月九日，中世規模最大的地震侵襲京都，導致得長壽院完全倒塌，就此消失[34]。

平忠盛因為建造這座得長壽院的三十三間堂並獻給鳥羽院，而得以連任備前守，又獲准昇殿，成為「殿上人」[35]。「殿上人」是受到天皇個人深厚信賴的對象，包括天皇的外戚一家、攝關家的子弟、天皇的老師與擅長某種特殊技藝的專家等等，可謂最高的榮譽。就連畢生深受白河院寵信的平正盛也無法得到的這個特權，平忠盛在三十七歲就到手，達成超越其父親成就[36]。

無論院的近臣受到多大的寵信，人們也會在暗地裡批評他的出身。相較於貴族，武士的出身更是低賤，且由於工作性質的關係，他們總是奉命「殺人」，因此更容易遭到輕蔑，就連源義家這種最強等級的武將，頂多也只能當上受領。平正盛在打敗源義親，被任命為但馬守時，藤原宗忠也曾批評他是「最下品者（出身卑賤）」。平正盛就連擔任受領都被視為踰越分際，平忠盛身為其家族的一員，成為「殿上人」的可能性本來應該是零才對。

根據《平家物語》的描述，始終對自己的出身引以為傲的貴族，在尊嚴上很難接受平忠盛獲准昇殿一事，於是集結起來欺負平忠盛。每年的十一月，有一個名為「豐明節會」的傳統活動，目的是為了慶祝收成新穀，並舉行「新嘗祭[37]」。這些「殿上人」計謀在那一天「闇討」平忠盛。所謂的「闇討」，是指趁著夜晚一片漆黑時用棍棒毆打對方，並嘲笑對方落荒而逃的霸凌行為（畢竟再怎麼放肆，也不能在天皇的住處犯下殺人或流血事件）。

然而平忠盛在事前就察知此事，於是帶著短刀至「殿上間」出勤，更不時刻意在燈火前拔刀亮出刀身。那些預謀犯案的殿上人見狀，便取消了闇討行動，轉而向崇德天皇稟告：「未經許可帶刀進入殿上間乃是重罪，應剝奪其殿上人之身分」。天皇質問平忠盛後，才發現原來那把短刀其實是木刀，他只是在刀身上貼了紙，讓人以為那是刀刃，於是天皇反而大讚平忠盛：「為了防範闇討於未然而帶刀，更早一步預想到日後的訴訟而準備木刀，如此智略，誠為攜弓箭者（武士）之典範」。

平家的處世之道與維持中立的技巧
——懂得順從並顧全大局，堅毅與知性兼備

這種為了顧全大局而不破壞既有規矩的做法，正是平家獨特的處世之道，也是平家與源氏之間的決定性差異。

約莫三十年後，想自己執政的二條天皇，與希望採取院政的父親後白河院展開了對立。當時，包括平清盛在內的每個人，都認為由後白河院主政較為妥當，但平清盛卻刻意不表明態度，繼續在二條天皇的身邊侍奉。《愚管抄》裡有一段相當有名的文字，內容描述平清盛當時的處世之道：平清盛總是小心翼翼地隱藏自己的意見，絕不輕舉妄動，「ANATAKONATA」。

「ANATAKONATA」意為「到處」，從上述《愚管抄》的前後文與平清盛實際的言行舉止看來，「ANATAKONATA」並非單純的八面玲瓏，而是「竭盡所能顧及政界每一個角落」的意思。平清盛不與任何一派勢力敵對，也不與任何一派勢力勾結，在政治上無黨無派。他靠自己形成一股獨立的勢力，藉以保持中立，同時又是朝

廷唯一不可或缺的勢力（武士的領導者），因此成為朝廷倚重的棟梁。這種在政治上保持中立的卓越思想，正是平清盛最大的武器，同時從他的父親平忠盛那一代起，就是平家的特色——這便是《平家物語》所傳達的印象。

平忠盛也善於創作和歌，不但著有個人和歌集《忠盛集》，《千載和歌集》等敕撰集[38]裡，也收錄了多首他的作品。《忠盛集》裡有兩首歌詠他與白河院之間回憶的和歌[39]。一首描述他在備前守的任期結束後，剛返回京都時的情景；和歌中提到，當時白河院召見他，屢次問道：「你在返京的路上，創作了哪些和歌？」可見白河院似乎十分欣賞他勤於創作和歌一事。另外，大治四年（一一二九）七月七日，他創作了一首和歌，提到：「不同於每年可相會一次的牛郎織女，我們已無法再會」，哀悼在七夕過世的白河院。平忠盛儘管身為武士，卻仍努力培養在宮廷裡深受喜愛的文學素養，這正是使平家一族受到白河、鳥羽院政青睞，政治地位逐漸攀升的原因之一。

在京都上演的「平正盛追討源義親」戲碼

平正盛剛開始嶄露頭角時，並沒有任何實績；而要拔擢缺乏實績的人，勢必會受到輿論的反彈。因此，白河院便安排了一場戲，讓平正盛看起來就像一名功績豐富、值得大眾信賴的武士。這場演出必須令人印象極其深刻，才有辦法一掃平氏過去在歷史上的負面形象；而白河院想到的便是凱旋遊行。

凱旋遊行可說是源氏留下的遺產。從源賴信討伐平忠常、源賴義討伐安倍氏，到源義綱討伐平師妙，源氏三代累積了許多豐功偉業，並確立了以具體方式呈現功績的凱旋遊行。當時，凱旋遊行已經演變成一場能讓京城民眾立刻想起源氏的威風，同時為之瘋狂的活動。其中最為經典的，莫過於追討平師妙時的那一場凱旋遊行，當時源義綱根本沒有踏上戰場一步，卻宛如凱旋歸來的將軍一般率領隊伍遊行，接受群眾的喝采；而這場遊行正是白河院政一手策劃的。凱旋遊行的效果，是源氏花了三個世代的時間與莫大的戰功塑造而成的，而白河院似乎意圖利用其效果，讓沒有實績的平正盛也能像源氏一樣，在民眾心中留下「值得信賴的將軍」的印象。白河院是日本史上第一個將凱旋遊行當作一種宣傳手法，藉以「行銷平氏」的君主。

嘉承二年（一一〇七）十二月十九日，平正盛接到追討源義親的命令後，便從京城出發，前往出雲[40]。十七天後，當平正盛抵達出雲時，已是新的一年，亦即嘉承三年的正月六日。十三天後的正月十九日，朝廷接到平正盛的報告：「切惡人源義親首并從類五人首了，來月上旬可上洛（已討伐源義親及其部下五人，二月上旬將攜帶他們的首級返回京城）」。在白河院的主導下，朝廷決定承襲前九年合戰的做法，在當天就立即給予恩賞[41]。前九年合戰是一場耗時十二年、付出莫大犧牲才險勝的戰役，其重要性絕非平正盛只花一個月就完成的源義親征伐任務所能比擬，然而平正盛人都還沒回到京都，就被任命為但馬守，顯見白河院為了拔擢平正盛，可謂無所不用其極。

當時構成日本的六十六國與二島，分為大國、上國、中國、下國等四個等級。分級的基準，是國內的課丁數（應課稅人數）與田地的面積，也就是稅收的多寡。但馬國屬於「上國」，又是鄰近畿內的山陰道要衝，因此國守通常都是由位階比平均高四等以上的貴人擔任，更有「第一國」之稱；「第一國」的意思，應該是指「最優良之國」吧。

平正盛成為了這個兼具榮譽與實質利益的「第一國」國守。根據文獻的記載，平正盛在十一年後的元永二年（一一一九）五月，位階都還是「正五位下」，直到隔年，也就是保安元年五月，才晉升至「四位（從四位下）」[42]。也就是說，在追討源義親的時候，平正盛的官位只不過是「五位」。

藤原宗忠在日記裡憤慨地說：「正盛最下品者，被任第一國，依殊寵者歟，凡不可陳左右，候院邊人天之與幸人歟（平正盛出身低微，卻被任命為第一國的受領，這想必是深獲白河院寵信的結果吧。我雖不該說三道四，但看來在院身邊侍奉的人，似乎都能獲得上天降賜的幸運呢）」[43]。透過這段文字，可知平正盛飛黃騰達的過程多麼超乎常理。

平正盛的凱旋遊行帶來的話題

平正盛入京的時間比預定的二月上旬還要早，他在正月二十九日，便經由「鳥羽作道」進入京城。「鳥羽作道」是朱雀大路從九條（平安京的南端）往南延長，連接鳥羽的道路（圖1）；當時藤原宗忠也在路旁圍觀，目睹了平正盛一行的遊行隊伍。五個首級被插在「鉾」上，並掛有寫著名字的「赤比禮（紅色的碎布）」。下人（地位較低的家臣）高舉插著首級的「鉾」，其左右各有四十～五十名手持「打物（刀）」、身穿盔甲的武裝「步兵」，跟隨在後的是騎在馬上的平正盛、一名投降的俘虜，以及一百名郎等。他描述當時的情景為「劍戟耀目，弓馬連道」。

平正盛一行人走鳥羽作道往北前進，再接九條大路往東前進，沿著鴨川北上，最後在七條大路末的河岸將首級交給檢非違使。檢非違使走七條大路往西前進，橫越朱雀大路後，再繼續西行，從西大宮大路北上，抵達西獄，將首級懸掛於「西獄門樹」。各種細節都與源義綱討伐平師妙時相同。

最耐人尋味的是藤原宗忠的感想：「故義家朝臣年來為武士長者，多殺無罪人云云，積惡惡之余，遂及子孫歟」。前半段證明了源義家多年來被視為「武士長者」（地位最高的武士），相當有名；但更重要的是，藤原宗忠並沒有將它當作褒義詞使用，而是在批評源義家長年身居武士長者，因此濫殺無辜的情況也最為嚴重。

後三年合戰之所以被認定為源義家私人的戰役，無疑是受到此觀點的影響。藤原宗忠認為，源義親被當作叛亂分子，首級還被懸掛在獄門示眾，正是其父源義家殺人如麻的報應。換言之，這場遊行除了替平正盛博得美名之外，更等於告訴人們：「仔細想想，源氏其實作惡多端，在與正義互相對照之下，源氏被世間淘汰也是理所當然」，於是民眾從此開始公然批評源氏。

藤原宗忠亦描述：「凡京中男女盈滿道路，人人如狂」。圍觀的群眾熱情喧嚷，而事實上，白河院本人也是圍觀群眾之一。根據記載，當時白河院在院御所——鳥羽殿觀賞平正盛一行人的遊行[44]。仔細想想，從位於日本海側的山陰道，亦即京城的西北方賦歸的平正盛一行人，竟是從京城南方的鳥羽作道進京，這樣的路線實在太不自然，怎麼想都是繞遠路（山陰道與平安京的七條大路西端相連。請參照圖1）。由此可知，平正盛是為了方便白河院在御所觀看遊行，才刻意繞道至鳥羽的。

因為這場遊行而成為時代寵兒的，並不止平正盛。「伊賀住人」清原重國是一名力大無窮的力士，曾被奉召參加朝廷的「相撲節會」（相撲節會是以修練武藝為目的，在每年七月舉辦，供天皇欣賞的相撲比賽）。據說他成為平正盛的「下人」，在遊行中負責高舉插有源義親首級的「鉾」，因而聲名大噪，更從此有了「首持」的稱號[45]。

白河院似乎成功地將凱旋遊行變成了一種宣傳工具，然而正如眾所周知，仰賴輿論操作的行銷手法往往會失敗，而白河院也不例外。白河院太過相信宣傳策略，反而招致世人的疑惑。接下來的發展極為玄妙，早已遭到討伐的源義親竟然屢次復活，使京都陷入一片混亂，但在此暫不詳述。

缺乏統一定義的「京武者」與「軍事貴族」

平正盛除了「最優秀的武士」之外，還有另一個虛幻的稱呼。在主張「武士乃京都形成過程中不可或缺之要素」的本書中，無論如何都必須討論此話題。白河院在京都一手操控由他親自拔擢栽培的平氏，以及過了全盛期而變得容易掌控的源氏。於是有一說認為，源氏、平氏與地方上的武士屬於完全不同類型的武士，因此有「京武者」之稱，並成為武士的主流。「京武者」是某歷史學家為了特指「院政期的武士」而提出的新概念；有部分人指稱它並非歷史學家自創，而是在史料上有明確記載的、當時的人們所使用的詞彙。

那麼，「京武者」究竟是什麼意思呢？其實就是這一點至今沒有答案。首位指出文獻中「京武者」一詞，並主張這是一種武士類型的學者，表示「我想將院政期的軍事貴族稱為京武者」[46]。根據我加上強調標記的部分，可知那只是該名學者的希望。

在以京都為中心的學界，「京武者」這個用詞在部分學者之間非常流行。然而令人困擾的是，每個人使用這個詞彙時所指的意義並不相同。例如某位學者曾在自己的研究論文中，表明他會遵照首位學者的定義[47]；然而另一位學者，卻表示「本文將軍事貴族中，領地面積特別狹小，同時傾向將權力基礎依附於公家政權的類型，稱為『京武者』」[48]。由於首位學者並沒有在「京武者」一詞中附加「領地規模的大小」、「權力的來源」等條件，因此我們可以說「京武者」的意義至此已遭到扭曲，朝著截然不同的方向發展。

此外，上述學者在「京武者」的定義中加入了「軍事貴族」這一點，更助長了混亂。「軍事貴族」是學者自創的詞彙，其意義也隨使用者而異。例如，首位提出「京武者」一詞的學者，將其定義為：「擁有『五位』以上的貴族官位，並以武藝為家業，在京都有所成就的清和源氏及桓武平氏」。然而，上述擅自更改「京武者」條件的學者，則將「軍事貴族」定義為「地位與身分足以擔任檢非違使以上之官職」的武士[49]。前者提出了「在京都有所成就」、「以武藝為家業」、「身為清和源氏或桓武平氏的後代」等限制，後者卻沒有；而「只要能當上檢非違使，就算位階未達『五位』也無妨」的條件，卻只有後者提出，前者則無。簡而言之，兩名學者在使用「軍事貴族」一詞時所表達的意義完全不同。

事實上，「軍事貴族」一詞的定義實在過於模糊，無法嚴密地指涉特定族群。縱使我們能劃出一條線，規定「『五位』以上才算貴族」，也沒辦法劃出一條線來區分所謂的「軍事貴族」究竟參與軍事到什麼程度。此外，著名的詩人西行法師，原本是名叫佐藤（藤原）義清的藤原姓武士，祖先是打敗平將門的藤原秀鄉，在他父親之前的四代（藤原公光、藤原公清、藤原季清、藤原康清）都是武士（亦即世襲），其曾祖父藤原公清的位階曾達「五位」。即使如此，根據首位提出「京武者」之學者的定義，光是因為此家族並非源氏或平氏，我們就不能稱之為「軍事貴族」。然而，將源氏與平氏以外的武士一律排除於「軍事貴族」這四個字所代表的群體之外，究竟是否適切？

如上所述，無論是從多種定義並存的這一點來看，或是從每一種定義都有漏洞的這一點來看，「軍事貴族」這個詞彙都很危險，因此許多學者並不使用它。定義中包含這個危險詞彙的「京武者」，也必然具有危險性。

「京武者」只是幻影——不論詞彙或類型，在院政期都不存在

「京武者」最站不住腳的，就是到目前為止，學界只有一份值得信賴的史料中，曾經出現「京武者」這個詞彙。巧的是，這份史料，就是我在第二章引用來證明「天下＝京都」這個等式的文章[50]。

其實我從很早之前就感到納悶。我在撰寫碩士論文時，幾乎將所有以文字書寫的古代、中世朝臣日記（約莫到十六世紀末為止）都讀過一遍，卻沒印象自己曾看過「京武者」一詞。倘若真如首位提出的學者所言，「京武者」是當時武士的重要分類之一，那麼在我閱讀過的大量史料中，理應更頻繁地出現才是。

在撰寫本書時，為了保險起見，我重新搜尋了各史料的索引及全文資料庫，確定自己上述的記憶並沒有錯。除了首位學者所提出的那份史料以外，「京武者」一詞完全不曾出現在其他文獻中。

若以「京武士」搜尋，雖會出現大量的搜尋結果，但那些用法全是「在京武士」這四個字的一部分，無一例外。「在京武士」一詞絕對不可能拆成「在」和「京武士」（應該是「在京」＋「武士」才對）。這時，我的腦海中浮現一個疑問——「京武者」會不會也一樣是忽略了前後文，被硬拆成這樣的詞彙呢？

於是我決定重新仔細研究那唯一的史料。這部分非常重要，因此我再次將原文與現代文翻譯一併引用如下（其中兩個關鍵字我故意不翻譯成現代文，而以括弧表示）：

> 今日申時許，「南京大衆」於宇治一坂南原與「京武者」已合戰。各死者互蒙疵者多云云。

今天下午四點左右，宇治一坂的南原一帶已發生「南京大眾」與「京武者」合戰的事件。據說雙方皆死傷慘重。

我們真的可以根據這段文字，對「京武者」做出如上述學者提出的定義嗎？無庸贅言，這段文字裡完全沒有「僅限『五位』以上」、「只要是檢非違使，即使是『六位』也無妨」、「僅限源氏或平氏」、「僅限領地特別狹小者」等條件。

簡而言之，上述段落只敘述了「『南京大眾』和『京武者』」打了一仗。很明顯地，「南京大眾」與「京武者」在這裡是一種對仗表現。既然是對仗，只要掌握「南京大眾」的意義與結構，便可用同樣的方式來理解「京武者」。「南京」是指奈良（舊平城京），因此「南京大眾」的意思就是「奈良的大眾」；而「大眾」意為武裝的僧侶（也就是所謂的僧兵），一般指隸屬興福寺、東大寺的僧人。不過，當時東大寺並沒有參與這場嗷訴，因此在這段文字裡僅指「興福寺的大眾」。此外，這個詞彙並非單一名詞，而是兩個名詞，必須加入表示所屬單位的「的」字，讀成「南京的大眾」才對。既然如此，與其對仗的「京武者」也應該不是單一名詞，而必須讀成「京的武者」才正確。如此一來，正確的讀法便是：「南京的大眾於宇治一坂南原與京的武者已合戰」。

由此可知，上述文字並無法作為證據，證明「京武者」一詞曾經存在於史料中，我們也自然可以導出一個結論：「京武者」這個詞彙當時並不存在。

撰寫上述文字的藤原宗忠，並無意討論武士的類型。唯一的解釋是：當時浮現在他腦海中的，只有「從南都進攻的一群人」與「為了抵禦而從京都出動的一群人」爆發衝突的畫面，而他以「南京的大眾」與「京的武者」來表示雙方陣營。另外，我們也不能將它解釋為「以京都為根據地的武士」。因為發動嗷訴的僧兵武力高強，當時的朝廷總是傾全力抵禦。在這個希望武士「多一個是一個」的情境下，朝廷沒有理由將「非以京都為根據地」的武士排除在外；只要是當時「人在京都」的武士（不論其根據地在何處），必定全部都被朝廷動員——這才是「京的武者」真正的意義。

如此一來，「為何『京武者』三個字不曾出現在其他文獻」這個問題，自然也有了答案——因為當時已有一個更普遍的用法，可以表達「人在京都的武士」，那就是前述的「在京武士」。

若只是想表達居住地，則只需說「在京武士」便足夠；若想強調血統，在源平合戰之前，人們習慣以「源氏平氏輩」來表達此特定群體，因此也只需使用這個說法即可。至於有沒有特定的詞彙可以指「兼具『在京武士』與『源氏平氏輩』兩種身分的人」呢？答案恐怕是沒有。當時的文獻以「天下（＝京都）武者源氏平氏輩」這種冗長的說法將兩者並列，就是最好的佐證。事實上，當時大部分武士的生活型態皆為「都鄙往還」，也就是居無定所，既非定居於京城、亦非定居於地方，因此將「京武者」一詞解釋為帶有「定居京都」或「總是黏在院身邊」之意的武士類型，也頗為牽強（唯一符合此條件的平正盛一家，是獲得院極度寵信的特例，並沒有其他武士足以與他們一同被歸類為某種「類型」）。

以上述論點為前提，回到主題：自平正盛嶄露頭角開始，「源氏平氏輩」便在京都迅速整合，間接影響半個世紀後的保元之亂。他們的整合，其實是對嗷訴的反彈。從這個角度來看，嗷訴可謂是改變武士與京都型態的關鍵因素。

第四章

詛咒京都與天皇的嗷訴，守護京都與天皇的武士

——因院政而生的反叛者與守護者

訴諸暴力的延曆寺——與院政為敵的嗷訴

長期以來勢力分散，各自在不同地區活動的武士，在院政期首次被朝廷動員，集結在京都。事情之所以發展至此，是因為某個「敵人」的存在，導致院和武士必須團結起來、聯手對抗。所謂的「敵人」，是一群自稱「神佛代言人」的暴力分子；而他們在京都針對朝廷發起的軍事行動，稱為「嗷訴」。

傳說白河院曾嘆道：「不稱我心者有三：賀茂河之水、雙六之賽[1]、山法師」[2]，這便是著名的「白河院的三不如意」。鴨川治水困難，每遇大雨，京都就會淹水；「雙六」是類似雙陸棋的桌遊，骰子擲出的點數完全隨機，就算是專制的君主也無法掌控。上述兩者，一個是天災，一個是機率問題，因此只能聽天由命。

然而第三個不如意「山法師」則是人禍，指比叡山延曆寺的僧人。當時在京都或朝廷，提到「山」就是指比叡山，而延曆寺一般則稱為「山門」。各位應該記得求學時代教科書裡曾提到，比叡山的延曆寺是奈良時代末期～平安時代初期由最澄創設的佛寺，後來成為守護朝廷與平安京的「鎮護國家佛教」基地。然而這只是初期的情況；自從進入攝關政治時代後，延曆寺便成為一群暴力分子的大本營，他們不畏天皇、無懼神佛，專職恐嚇與強取豪奪。

九世紀中葉赴唐留學的圓仁、圓珍，創立了「唐院」，在此研究、傳授他們帶回來的資料與學說。較早回國，擔任第三代天台座主（延曆寺的領導者）的圓仁所創的機關稱為「前唐院」；較晚回國，擔任第五代天台座主的圓珍所創的機關稱為「後唐院」。

圓仁及圓珍死後，分別獲得朝廷賜予「慈覺大師」與「智證大師」的尊號，因此一般稱在前唐院學習的人為「慈覺門徒」，在後唐院學習的人為「智證門徒」。圓仁是最澄的弟子，圓珍則是最澄的徒孫（義真的弟子），他們皆是值得尊敬的僧人。

然而，到了他們弟子的那一代，狀況就改變了；他們不再透過議論與思考來探求真實，而選擇以殺戮來使對方屈服。哲學上的學術論爭演變為武力鬥爭，而且竟持續了一百年。正曆四年（九九三），圓珍派的智證門徒離開比叡山，來到琵琶湖畔的大津一帶，以園城寺（三井寺）作為據點。後世將這些遷移至園城寺的智證門徒稱為天台宗的「寺門派」，留在延曆寺的慈覺門徒則稱為天台宗的「山門派」，簡稱「寺門」及「山門」。山門與寺門成為世仇，更開始訴諸暴力手段，例如燒毀對方的伽藍或經藏等，紛爭持續至室町時代。

脅迫朝廷的手段①抬神轎——抬著「御神體」進行示威

在院政期之前，勢力較大的寺院，僧人分裂為兩派：一派是身分地位較高、致力於做學問與修行的「學侶」，一派是身分地位較低、既不學無術又不認真修行，只負責打雜的下級僧侶。當時的人們將這些下級僧侶稱為「眾徒」或「大眾」；眾徒的穿著打扮看起來雖是僧人，骨子裡卻是俗人。正如同現代也有一些宗教法人仗著憲法的「信仰自由」而獲得免稅一般，無論在哪個時代，宗教團體都享有特權，因此若想追求利益，偽裝成宗教團體可說最為方便。所謂的眾徒，正是抓準了這一點，而打扮成僧人、結黨營私的不肖之徒。

當朝廷沒有順著眾徒的意思做決定，眾徒便會透過武力來恐嚇、脅迫朝廷；這種恐嚇行為就是「嗷訴」。在學校教育中多採用「強訴」二字表示，但在古代、中世時代大多寫作「嗷訴」。

「強訴」的意思並非「提出強烈的訴求」，而是「強迫天皇接受自己的主張」。「嗷訴」的「嗷」是個不常用的漢字，根據字典，它只具有「吵鬧／喧嚷／吠叫」等負面意義。總而言之，「嗷訴」就是一群人無視應有的程序，手持武器、大聲喧嚷，脅迫對方接受自己的意見。

眾徒踐踏一切世間的準則或習慣，無論是天皇的意願、朝廷的規定或社會常識，他們全都不放在眼裡；他們認為那是正當的權利。因為他們深信自己的行為出自神佛的意志，反抗他們，就等於反抗神佛。

日本在進入攝關政治期之前，本土的神道信仰與佛教逐漸結合，形成「神佛習合」的信仰型態，認為神與佛的關係為「本地垂跡」。當時人們認為，日本的神其實是佛為了救度眾生而顯現的化身（垂跡，也就是具有實體的形象），佛是神的本體（本地）。因此，神社與佛寺宛如一體，許多神社內都附設「神宮寺」，也就是負責管理神社的佛寺。不過對僧人而言，神社才是神宮寺的附屬品；在僧人的心中，神社的神職侍奉的神只不過是「化身」，而僧人侍奉的佛則是「真身」，因此僧人當然比較高等。以比叡山為例，延曆寺負責管理的便是日吉神社（現在的日吉大社）。

僧人對神職的蔑視極為嚴重，神職對僧人的怨恨已累積了數個世紀。這份宿怨，在明治維新的「神佛分離」、「廢佛毀釋」時一次爆發。當時以比叡山的例子最廣為人知：日吉神社的神職歡欣鼓舞地帶走延曆寺的佛像，將佛像劈成木柴後焚燒。

儘管彼此關係日漸緊繃，大型寺院仍徹底利用了神社，因為神社擁有某種寺院所沒有的、深富利用價值的東西——神祇依附的「御神體」。嗷訴就是神職在僧人的命令下，帶著御神體闖入京都的行為，可說是寺院與神社合作下的產物。

御神體是象徵神祇權威的實體物品。例如奈良興福寺的僧人，曾動員其管轄下之春日神社的神人（下級神職）搬動神祇依附的「神木」。另外，由於神祇可以轉移至其他物體上，因此只要讓神祇依附在神轎（神所乘坐的轎子），便可以抬著轎子前往京城，展開示威遊行。延曆寺就曾動員其管轄下的日吉神社，用神轎抬著鎮護比叡山的眾多神祇，直搗京城。這種嗷訴的方法，稱為「抬神轎」。

倘若以暴力手段阻止抬神轎，或使神人、眾徒受傷，就等於是公然挑釁、攻擊神佛，勢必會受到神佛的懲罰。眾徒的要求就是神的要求，而人們又相信「神佛習合」，因此也就等於是佛的要求。倘若不接受這些要求，就是與神佛為敵，將永遠受苦受難——這就是抬神轎的意義。面對這個日本史上最無恥的脅迫行為，朝廷根本拿不出有效的對策，因此嗷訴一直持續到戰國時代，成為中世京都的傳統。

脅迫朝廷的手段②將神轎置於京中——迫使天皇跪地

在現代的神社祭典中，我們也經常可以看見由一群粗暴的男性扛著神轎、大聲喧鬧的傳統活動——這正是「抬神轎」。東京的著名祭典幾乎皆是如此，而在某些地區甚至有神轎互相衝撞的習俗，現場陷入一團混戰。這種祭典形式，其實在最原始的神社祭祀活動裡並不存在，然而為何到了近世～現代，卻演變為「提到祭典，就想到神轎」呢？

我懷疑，那會不會正是由嗷訴演變而來的呢？相較於流程複雜、安靜又乏味的正式祭典，抬起神明、大鬧一場這種歡樂的形式當然更容易流傳下來，形成庶民文化。假如現代的抬神轎真的是由嗷訴演變而來，代表當初屬於緊急狀況的示威遊行喪失了原本的意義，漸漸轉化為傳統習俗，實為耐人尋味的現象。

回到主題，有時即使抬了神轎，也無法令朝廷妥協，於是有人想出了一個點子——把神轎或神木擺在京城的路旁。把神棄置在路邊是一種極為不敬的行為，但眾徒卻聲稱：會受到神處罰的，是把他們逼到這個地步的朝廷。這固然是詭辯，朝廷卻仍束手無策，因為能觸碰、搬運御神體的，只有專門的神職；而在朝廷答應要求之前，他們是不會有所行動的。眾徒表示：在這段期間，神的憤怒會不斷累積，總有一天勢必會對朝廷爆發；假如這樣朝廷也無所謂，就隨便你們了。這種祈求神祇降禍他人的言論，無疑是一種詛咒。

此時，又有人想出了更激烈的手段——闖入內裡，將御神體擺在內裡的地上。天皇出於敬畏，不敢跟御神體同居一個屋簷下，只好離開內裡。然而，倘若人所在的位置高於御神體，便是對神不敬，因此就連天皇也必須跪在地上。光是把御神體放在內裡，就能把高高在上的天皇拉下地面，威脅效果奇佳。當然，御神體只有專門的神職才能取回，假如天皇不答應要求就回不了家，因此勢必得屈服[3]。

脅迫朝廷的手段③詛咒──「與佛為敵，將受苦至死」

另一種主動攻擊的手法，是祈求對方「不幸」。各位讀者或許會訝異，佛教的教義怎麼可能會傷害人呢？但請別小看了佛教。其實佛教的經典裡，藏著傷害不信佛者的詛咒。最有力的證據，就在佛教各宗派視為主要經典尊崇的《法華經》最後一品（第二十八品）「普賢菩薩勸發品」的結尾部分；文中提到，輕視《法華經》的人將遭受無盡的苦難，以作為懲罰。所謂的苦難，並非遭受地獄業火焚燒，或永無止盡地作務勞動等不痛不癢的死後刑罰，而是活著承受各種超乎常理的肉體折磨。我自己在讀到這一段時，便完全喪失了信仰佛教的意願。

佛教始終無法擺脫「佛教的敵人是絕對的惡，因此要讓敵人受盡痛苦」的觀點。當一個人向佛祈求他人死亡或遭遇不幸，倘若真的實現，就表示佛判斷對方是「佛敵」，也就是絕對的惡，因此這種行為並不是殺戮，而是行善。這種「佛教式的詛咒」，稱為「調伏」。

調伏是如何為嗷訴提供正當性的呢？以下有個實例：鎌倉時代後期的弘安六年

（一二八三），山門希望天王寺別當[4]的人事案能照自己的意思決定，因而展開了抬神轎活動。但是，當時幕府的掌權者安達泰盛卻站在山門的競爭對手那一邊，完全不理睬嗷訴。於是山門便「修大法祕法，山訴障碍之一黨令調伏之」，也就是舉行大規模的祕密儀式，詛咒妨礙山門達成目標的安達泰盛等人。

根據延曆寺的紀錄，同年十一月，名為「霜月騷動」的政變爆發，安達泰盛一族因此滅亡，朝廷、幕府也因為心生畏懼，而決定配合山門的要求[5]。在霜月騷動中，共有超過五百名「御家人[6]」被殺害，但延曆寺卻顯得洋洋得意地談論這件事，彷彿認為「受詛咒而死都是你們自己活該，誰叫你們要忤逆我們」。看完這份文獻，延曆寺那深不可測的黑暗面著實令我不寒而慄。

白河院政的創舉①——首次記錄山門的嗷訴

勢力龐大的佛寺、神社，是從白河天皇的時代開始，才認真採取這些「積極攻勢」的。白河天皇在位時的承曆三年（一〇七九）六月，延曆寺有一千名僧人群起作亂[7]；這場動亂的導火線是祇園社感神院的人事案。當時因為「神佛習合」的關係，祇園社（現在的八坂神社）由名為感神院的佛寺管理。不知從何時開始，延曆寺主張感神院、祇園社為其「末寺」、「末社」（受其管理之寺院及神社）。祇園社身為末社，人事安排理應由延曆寺決定，然而感神院裡的某個人卻無視延曆寺的意見，擅自將自己的職位讓給某人。延曆寺大為震怒，要求朝廷公告延曆寺的人事案已正式決定，此讓位一事無效，並下令該惡人聽從延曆寺的指示，然而朝廷卻沒有立即允諾。

於是延曆寺的一千名眾徒蜂起，前往京城。其中的六百人與兩百人各持一部《大般若經》及《仁王經》，剩餘的兩百人則身穿盔甲、手持弓箭。這是文獻中關於山門嗷訴最早的記載。他們在遊行中叫嚷：「假如朝廷不接受，我們就向天神申訴」；所謂的「天神」，是指北野社（現在的北野天滿宮）祭祀的菅原道真之靈。菅原道真在政權爭奪戰中落敗，被左遷至九州，在失意落魄下抑鬱而終，之後化為怨靈，向藤原氏復仇。北野社是為了撫慰菅原道真之靈，並將其靈力運用於鎮護國家而建造的神社，但山門卻試圖利用此力量。

在這個階段，山門的嗷訴雖然也利用了神，但卻是借助其他的神，也就是天神的力量；換言之，這時他們似乎還沒想到利用自己管理的「鎮守社」，搬出神轎來威脅朝廷。他們只是手拿著經典，把它當作具宗教意義的道具，遊行隊伍也只由延曆寺的僧人構成。

然而經典能帶來的威嚇效果有限，畢竟經典只是寫著佛教教義的紙張，佛本身並沒有依附在其中。捧著經典的僧人隊伍一點都不可怕，而且就算阻礙遊行，感覺也不會遭到佛的懲罰，因此這場遊行並沒有對朝廷構成威脅。

最後，他們只是進入北野宮寺（管理北野社的寺院），「轉讀」他們帶來的經典，就折返了（轉讀意指透過誦讀經典的題名等部分內容，來代替誦讀全文。常運用於誦讀篇幅較長的經典時）。即使逐字誦讀《大般若經》及《仁王經》，對朝廷也不具任何威脅性；尤其《仁王經》又稱《仁王護國般若波羅蜜多經》，是一部具有鎮護國家功效的經典，愈常誦讀，對朝廷就愈好，想必白河天皇一定也認為多多益善吧。

白河院政的創舉②——佯稱嗷訴是神的憤怒

但山門發現這可不行。佛的形象應該是慈悲為懷、普渡蒼生，並沒有殘暴地降災厄於人的形象，無論如何都不能成為「恐怖的統治者」。

於是接下來就輪到神出馬了。眾多的天神地祇與佛不同，並沒有慈悲的特性，存在的意義也不是救助眾生。而且神的個性也不像佛那麼成熟，祂們忠於自己的欲望，一旦動怒，便會失控發狂，降災於人類。只要端出這些「可以發怒」的神，便能對朝廷構成威脅。

天皇和朝廷可說完全拿神沒轍。最大的原因，或許就是創造出「日本是住著八百萬神祇的國家，其始祖便是天照大神」的世界觀，並強迫全日本人接受的，正是天皇和朝廷吧（有證據顯示，在六世紀末的飛鳥時代，朝廷並沒有這種世界觀）。既然他們將這個觀念強加在人們身上，他們就沒有資格蔑棄祭祀神祇（對眾神的信仰）；在朝廷的努力之下，此世界觀已經深植於人心。在南北朝時代，南朝的北畠親房撰寫了一部史書《神皇正統記》，書中開宗明義地表示「大日本者神國也」。這句話非常有名，但並非他首創，而是自古常見的慣用用法；通常前後文會出現「應使朝廷回歸正軌」等涵義的句子。祭祀神祇可謂朝廷的代名詞。

佛教是外來思想，對朝廷或日本國而言並非必要。在中世，佛教界歷經多次動盪，人們甚至擔心佛教從此滅亡，但那也只不過是「在現世與來世受苦」。相對地，在古代、中世日本的世界觀裡，神就是國土，假使在祭祀神祇上有所怠慢，可就不是「在世間受苦」這麼簡單，而是人類生活的這片土地、整個世界，乃至於全人類都無法存續的嚴重問題。因此，無論是天皇、朝廷，或是背後的幕府，無不將祭祀神祇視為最重要的工作。朝廷與幕府在制定政策或法規時，一定會優先考慮神事（神祇祭祀的興隆），其次考慮佛事（佛教的興隆），最後才處理可以靠人解決的行政問題。

山門等有權勢的寺院，就是利用朝廷對神祇的堅定信仰，攻其弱點，將自己的要求偽裝成「神的意志」；而這一切都始於白河院時代。如此整理之後，我們可以發現：所謂的嗷訴，其實就是多數暴力、是綁架他人信仰的精神暴力，更是物理上的暴力，實可謂各種暴力的集合體。

白河院政的創舉③——武士受君主的動員與直接指揮，在京都戰鬥

本書想討論的並不是嗷訴本身，而是嗷訴所帶來的後續連鎖反應。容我重述，首度在文獻上留下紀錄的嗷訴，也就是承曆三年（一〇七九）由山門發起的嗷訴中，共有兩百名僧人攜帶弓箭。弓箭是當時最強的武器、弓箭手是最強等級的戰士[8]，因此這場嗷訴可說是一場朝廷必須竭盡全力抵禦的國安危機。

白河天皇立刻下令在鴨川堤防布陣，拉起一道防線，抵擋來自東方的進攻。最重要的是，負責守住這道防線的，幾乎全是武士。

當時被奉召參戰的包括：前下總守源賴綱、甲斐守源仲宗、身為檢非違使的三名衛門尉（平季衡、平季國、紀章成）及衛門志、府生各一名，再加上並非檢非違使的右衛門尉平正衡、平宗盛。源賴綱是源賴光之孫，源仲宗是源賴信之孫，平季衡、平正衡兩兄弟是平貞盛的曾孫（平維衡之孫、平正度之子）。平正衡正是平正盛之父，亦即平清盛的曾祖父。簡而言之，在這場戰役中，源氏、平氏的主力武將全都被動員了。

這便是「嗷訴所帶來的後續連鎖反應」。嗷訴對京城帶來威脅，於是在京武士總動員，在統一的指揮下，準備展開實戰；此外，以往各自在地方上戰鬥的武士，如今卻直接接受天皇的指揮，在京都會戰。這些全是前所未見的現象。

白河天皇即使成為上皇、法皇，每次遇到嗷訴，也都採取相同的做法。換言之，院控制、動員武士，並讓他們在京城戰鬥，乃是院政特有的現象，而一切皆起因於白河院的個性。嗷訴最重要的意義，就是間接帶來了上述現象，進而改變了武士與京都的歷史。

嗷訴第一次被記錄下來，也是在白河天皇執政的期間。白河院（天皇）催生了嗷訴這個最能象徵中世京都的活動，塑造出武士奉召齊聚君主身邊的中世初期基本模式，又使京都首次成為武士會戰的戰場。因此，白河院政對京都的誕生及武士的歷史，堪稱具有極其深遠且劃時代的影響。

白河院之所以能順利動員各主要武士，是因為他有一個能獲得輿論全面支持的理由——「保衛京都」。這是只有武士才能勝任的工作，而且正因為「保衛」的對象是「京都」，武士才有辦法獲得整合；「院動員了源氏、平氏所有的武士，要求他們保衛京都」，是每個人都需要的藉口。京都，可說是催化「武士整合」這個歷史性變革的重要觸媒。

當嗷訴變得更為激烈，京都便轉而扮演舞臺的角色，讓準備出征的武士遊行。主力武將齊聚京都的盛況，宛如一場武士版的全明星賽，而且不論是頭盔、甲冑等護具，或是刀、弓箭等武器，甚至是馬具，他們都非常講究材質與色彩，費盡心思呈現出最華美的姿態。這一切，都是為了讓圍觀群眾留下深刻的印象、讓自己的美名持續被傳頌。武士的遊行就像一場時裝秀，他們行經的京都街道，儼然是模特兒走的伸展台。

宛如嬰兒哭鬧的嗷訴——雖無實質上的危害，卻令人難以忍受

上述第一場嗷訴的兩年後，也就是永保元年（一〇八一）三月，大和多武峰的六百名眾徒大舉入京，在鴨川河岸集結。多武峰原為藤原氏的祖先——藤原鎌足的墓地，後來建為寺院（現在的談山神社）。當時的詳細情況不明，但這場集結並沒有演變成混戰[9]。

隔年，也就是永保二年十月，紀伊熊野山（現在的熊野神社）的三百名眾徒抬著新宮、那智（與熊野本宮大社齊名的「熊野三山」之二）的神轎，來到京城東方的粟田山。眾徒將神轎放在山麓後，便聚集在內裡的門前，表示尾張國司的家人殺害了眾徒，要求朝廷懲處國司。這一場嗷訴也沒有演變為暴力事件[10]。

四年後的應德三年（一〇八六），白河退位，開始進入院政時期。七年後的寬治七年（一〇九三）八月，興福寺的眾徒率領春日社的神人直搗京城，表示近江守的高階為家對春日社領地的民眾施暴，要求朝廷予以處罰。當時神人攜帶的御神體是鏡子，據說鏡面閃耀的光芒令人印象深刻，自此形成嗷訴時將御神體帶進京城的風氣。關白藤原師實轉達白河院事情的原委後，隔天便由內大臣藤原師通（藤原師實之子）等人進行評議，再隔天，高階為家便被流放至土佐，相關人等也受到免職、罰款等處分。

大眾對這樣的效率感到十分滿意，乾脆地踏上歸途，不過興福寺也因此食髓知味。興福寺是藤原氏的氏寺（春日社為其氏神），擁有獨特的優勢，因為（興福寺讓朝廷深信）一旦惹興福寺或春日社不高興，便可能再也無法受到氏寺與氏神的眷顧，這使得在朝廷高層占壓倒性多數的藤原氏心生畏懼，因此朝廷的結論總是對興福寺有利。朝廷的評議會總是由地位排名第三的內大臣藤原師通主導，而身為太政官之首的左大臣源俊房則沒有參與，也是因為藤原氏的問題[11]。上述四次嗷訴，皆發生於白河天皇在位時或退位後不久，當時都沒有爆發物理性的暴力衝突。承曆三年六月的嗷訴形成一場騷動，被描述為「喚呼之聲滿天，訴訟之詞驚人」[12]，簡而言之就是喧鬧不休。

那就像嬰兒的哭鬧一般，僅管沒有實際上的危害，但持續處於那種惱人的噪音環境中，幾乎所有的人都會投降。反之，對於不在乎噪音的人而言，這種手段便絲毫起不了作用——而白河院就是不在乎噪音的其中一人。

採取強硬態度的白河院激化了嗷訴

然而冷處理的結果，卻導致僧人不斷提高抗議的強度，直到獲得回應。興福寺嗷訴的二年後，亦即嘉保二年（一〇九五）十月，山門開始張牙舞爪[13]。

此事的開端是美濃國延曆寺轄境內的莊園騷亂。在當地管理莊園的延曆寺基層僧人長期為非作歹，擾亂當地秩序，因此當時擔任美濃守的源義綱便向朝廷通報。朝廷向延曆寺求證，延曆寺卻裝傻，表示寺方與此事無關。也許是他們不把白河院放在眼裡，認為只要裝傻到底就不會有事吧。

然而，白河院卻出乎意料地決定讓山門吃點苦頭——他命令源義綱追討多行「非道（為非做歹）」的延曆寺僧人。「追討」是格殺勿論之令，等同於宣判這些僧人死刑，可說是極重的處分。源義綱遵照命令追討延曆寺的僧人，經過一番交戰後，延曆寺的僧人中有一人被射殺、數人成為俘虜。俘虜雖獲得赦免，但山門對於一名僧人被射殺一事怒不可遏，要求朝廷流放源義綱。但白河院拒絕了山門的要求，並表示：源義綱只不過是奉命行事，而該名僧人也只是運氣不好才被流箭射殺，源義綱並無過錯。於是，山門的大眾便決定大舉進攻京城，試圖以武力逼迫朝廷就範。

山門的嗷訴始於十六年前，但此時才首次採用抬神轎的手段；換言之，其實抬神轎也是白河院執政時代的產物。此外，白河院執政時期，也是山門、多武峰、熊野山、興福寺等眾多有力寺社[14]開始聯手進行嗷訴的時代。這時，一個疑點便逐漸浮現——嗷訴為什麼突然集中在這個時代展開呢？學校沒有教，教科書上也沒有記載，但現在我們知道了答案。

在白河院的時代，也就是院政時代，朝廷與有力寺院的關係究竟有什麼變化呢？答案很單純：白河院的朝廷在面對宗教勢力時，態度比過去任何一個時代的朝廷都來得強硬。為什麼在攝關政治時期，眾徒從未集結大批人馬進攻京城呢？這是因為在剛開始示威的階段，朝廷就屈服於僧人的脅迫，順應他們的要求了。只要朝廷答應要求，他們就沒有必要進一步採取更激烈的抗議行動。然而，在白河天皇在位期間的祇園社感神院人事案中，卻有一千名眾徒嚷嚷著「假如朝廷不接受，我們就向天神申訴」闖入京城。也就是說，進行嗷訴的前提，是朝廷態度強硬，「不接受寺社的要求」。

在史上第一次的山門抬神轎示威活動中，可以明顯看出朝廷的態度有多麼強硬。當時山門要求處罰源義綱，白河院卻從頭到尾替他護航。事實上，延曆寺僧人遭射殺身亡一事，說不定根本不是意外，朝廷卻沒有徹查事實真相，就斷言「為流矢被射殺」。白河院所傳達的訊息非常明確——「事實的細節一點也不重要。源義綱是奉朕之命出征，光是衝著這一點，他的行為就是正當的。倘若指稱源義綱有罪，就等於質疑朕的命令，朕絕不接受」。即使已聽見眾徒即將進攻京城的風聲，白河院也拒絕了山門的要求。

「神佛站在朕這邊」——認為自己無所不能的白河院對嗷訴的鎮壓

白河院甚至對管理神社的神祇官下令：「諸社神民等猥成訴訟，奉舁神輿可迎京都之由依有風聞，可制止狀度度被仰下了，而山僧亂發可奉舁神輿者，若然者禦留之條，全不可憚神輿，此旨且以祈申（過去朝廷已數度下令禁止侍奉神社之神職或民眾任意抬神轎進入京都，但山法師卻屢屢蜂起，試圖打破禁令。這種犯罪者即使抬著神轎，朝廷也會毫不客氣地驅除。你們應轉告神明朝廷將會這麼做，也要將此命令廣傳至各神社」。由此可明顯看出白河院的信仰與嗷訴對策之間的折衷點。

若沒有神祇依附於其中，神轎也只不過是木材。儘管眾徒聲稱「神祇依附在神轎上」，但神的意志豈可讓那種底層的人代言？神祇的意志，當然要直接由朕確認。雖然那些身分低賤的人抬著神轎作亂，但神祇根本不知情對吧？

白河院並不是毫不畏懼神祇，他只是認為身分低賤的眾徒、神人根本不配擔任神的代言人。他對嗷訴的強硬態度，應是出自他確信神祇絕非下級僧侶、神職的傀儡，而是站在自己這一邊的夥伴。而能建立此觀點的精神，也就是以自我為中心、相信自己宛如相信神祇的精神，正是白河院的優勢。

他這股絕對的自信，想必源自院政這種政治形態。在攝關政治型態下，無論攝關握有多大的權力，也只不過是成為天皇代理人或最高顧問的臣子，絕對不可能成為君主。相對地，院政體制下的上皇（治天），過去就是天皇，無論血統或實績都是無可挑剔的君主。此外，從治天的功績高於現任天皇、又是現任天皇的直系尊親屬、現任天皇又是治天讓出皇位後才有機會成為天皇的這幾點看來，治天的能力確實高於天皇。自飛鳥、奈良時代開始，日本就有由前任天皇實質統治國家的傳統，再加上白河院及父親後三條院的外戚並非攝關家的主流派，因此也不會受到攝關家的影響。

如上所述，白河院沒有必要忌憚任何人，也沒有任何虧欠他人的心理負擔，可說是一名（自認）能充分享受君主（王者）身分地位的掌權者。這便是採取院政體制的歷代治天共同的特色——自信滿滿、認為自己無所不能。

白河院心中有「三不如意」（鴨川的治水工程、骰子的點數、山法師），反過來說，也就是除了上述三者之外，其他所有的事情都能順心如意；我們必須從中解讀出他的自信。如此一來，當面對這三件不如己意的事情時，他的憤怒想必也比一般人強烈。宗教勢力總是具有某種特權意識，認為唯獨自己是特別的。無論在什麼樣的政治體制下，總以為只有自己可以漠視法紀、躲避稅收，同時享有利益和權勢，為所欲為。這樣的心態，勢必與自詡萬能的治天水火不容，遲早會遭到鎮壓。

白河院身為朝廷最高掌權者的期間，包括在位時的十五年＋院政時期的四十四年，總計長達五十八年。在這超過半個世紀的治世期間，朝廷展現出空前的強勢態度，與眾徒、神人對抗。由於白河院的心裡根本沒有妥協這個選項，因此雙方註定會衝突到其中一方筋疲力竭為止，這便是原本定位為最終手段的嗷訴如此輕易發生的主因。而由於對方展現出不退讓的態度，眾徒和神人也只能揮出已經高舉的拳頭。

面對武士，嗷訴毫無勝算

面對僅僅要求懲處源義綱的山門嗷訴，白河院也動員了武士，在內裡的各個出入口與鴨川河岸拉起防線。由於身為老大的白河院絲毫不畏懼對手，前線的武士也個個戰鬥意志高昂。在白河院宣布徹底抗戰、取締的隔天，有少數眾徒、神人試圖入京，卻在河岸就被武士擋下，其中尤以源賴治率領的軍隊最為勢不可當。

源賴治的曾祖父，是源滿仲的次子源賴親。源賴親曾三度就任大和守，他們一家以此實績為基礎，在大和建立了強大的勢力，被稱為大和源氏。大和國始終認為興福寺（所管理的春日社）隸屬於自己，雖然興福寺、春日社強烈反彈，源賴治卻仍毫不留情地透過武力強行統治。換言之，源賴治是個絲毫不在乎興福寺、春日社等宗教性權威的人物，若想抵禦拿宗教當擋箭牌，試圖以武力威脅京城、朝廷的山門，他無疑是最適任的人選。

源賴治的軍隊朝山門的眾徒、神人萬箭齊發，射中了三名僧人及一名禰宜（神職），其餘敵人皆落荒而逃。死傷人數的增加使山門更為憤怒，但源義綱奉白河院之命鞏固鴨川河岸的防衛，迫使他們打消展開突擊的念頭。根據文獻記載，在這場騷動中「武勇之士（武士）滿盈京都」[15]，可見白河院堅守以暴制暴的路線，傾全力反擊。他所釋放出的訊息是：要比武力，你們休想贏過一手掌握武士的朕。武士是當時最強的武力，僅是烏合之眾的僧人當然不是對手。

不過，若要比耐性，寺社方則沒有落敗。他們並沒有喪失信心，仍舊認為侍奉神佛的自己理當受到特別待遇、理當反抗世俗的權力，從這個角度看來，他們的精神也十分強韌。正因為對立的雙方都擁有鋼鐵般不屈的意志，導致嗷訴不斷頻繁地發生。無論白河院多麼想讓對方明白彼此在力量與意志上的差距，都徒勞無功；對雙雙自詡為特權分子的兩邊陣營而言，唯有讓對方認輸，才算獲勝，因此這場意氣之爭永無止境。

讓嗷訴得以成功的陷阱

不過，眾徒其實是一群相當懂得算計利益的現實主義者，假如始終是「失多於得」，不可能反覆進行嗷訴。他們之所以持續不斷地進行嗷訴，是因為嗷訴對他們而言在某種意義上仍是一種有效的手段——也就是說，只要進行嗷訴，有時自己的要求是會成功的。那麼，這些眾徒究竟是如何讓態度強硬的白河院點頭的呢？這裡的「陷阱」非常有趣。

長治二年（一一〇五）十月，數千名山門眾徒集結於京城東邊的祇園社，接著抬著神轎，來到了大內裡的陽明門。這場嗷訴的目的，是要求朝廷流放大宰權帥藤原季仲、石清水八幡宮別當光清，以及檢非違使左衛門尉中原範政。上述三人似乎在不同事件中侵害了山門的利益，而最有意思的是石清水八幡宮的反應。

在石清水社，八幡宮是由八幡宮寺管理，最上層是由僧人擔任的別當，其下則是由俗人（神職）擔任的俗別當。因為山門的這場嗷訴，上述的別當光清很可能會遭到免職。為了阻止免職一事成真，石清水八幡宮在俗別當的率領下，來到大內裡的另一個門——待賢門，控訴山法師揮刀殺傷八幡宮領地的多名神人，要求朝廷不要免除別當的職位。據說由於當時是晚上，進行嗷訴的雙方似乎還爆發了小規模的衝突。

這就類似現代日本裁判制度的「反訴」。所謂反訴，就是被告在原告提起的訴訟程序中，對原告提起訴訟。嗷訴本來就相當於僧人對法院的脅迫，因此當原告和被告都舉行嗷訴時，法院就等於被夾在中間，腹背受敵；也就是說朝廷的敵人變成了兩倍。兩場嗷訴朝廷都必須解決，但以當時朝廷的力量，實在無法同時對付二個有力寺社。或許山門和石清水社就是料準了這一點，才故意把朝廷逼上絕境吧。

這麼一來，朝廷的選項就只剩下一個——判定山門或石清水社其中一方「勝訴」。在上述事件中，朝廷最後答應山門的要求，將三人免職，並承諾會盡快進行審議，將其定罪，因此山門的眾徒便開心地離開了[16]。

這起事件，乍看之下似乎是「山門透過嗷訴達成了訴求」，但事實並非如此。既然不論朝廷如何裁決，總會有一方能達成訴求，那麼日後只要設法讓朝廷夾在兩場嗷訴中間，就必定有一方能成功。

為了解決嗷訴而衍生的變奏曲——保元之亂

如上所述，以結論而言，嗷訴在某種程度上是有用的，而這個結論導致嗷訴不斷上演，進入鳥羽院政期後，衝突更是愈發激烈。保延三年（一一三七）二月，興福寺的眾徒為了抗議僧正（最高級的僧官）的人事案，帶著春日社的御神體入京，人數多達七千人[17]。久安六年（一一五〇）八月，興福寺的數千名眾徒又高舉著一種在紅淡比（用於供奉神明的常綠樹）上綁著鏡子的御神體入京。這時的人數已經比以往增加了一位數，可知嗷訴的規模不斷擴大。如此龐大的人數一邊「吹法螺」、一邊在京城裡遊行，使得京城籠罩在超乎常軌的噪音之中[18]。

而負責對抗嗷訴的，依舊是武士。保安四年（一一二三）七月，山門的眾徒進行嗷訴時，平忠盛與源為義率兵抵禦，死傷慘重[19]。在上述久安六年的興福寺嗷訴中，源賴賢負責防衛鳥羽院的宅邸、源光保負責防衛內裡，而平家弘則負責防衛崇德院。源賴賢是源為義之子，也是最被看好的繼承人，在六年後的保元之亂中，他加入崇德院的軍隊，與父親源為義並肩參戰。事實上，平家弘也加入了崇德院這一方，而源光保則是站在後白河天皇這一方參戰。

看到這裡，保元之亂的本質已逐漸明朗。保元之亂的主角，正是當初院政為了抵禦嗷訴而動員的武士。換句話說，為了抵抗嗷訴而動員武士的院政權限在保元之亂中一分為二，原本「協助君主對抗嗷訴的武力」，竟成了「君主候選人彼此對抗的武力」。因此，保元之亂可說是為了解決嗷訴而衍生的變奏曲。

保元之亂是促使「武者之世（由武士扮演主角的時代）」到來的一場重大變革，

京都也在此時經歷誕生之前的最後一段痛苦。在此之前，京都儘管陸續有些小規模的個人鬥毆或嗷訴衝突，但從來沒有出現過稱得上「戰爭」的大規模殺戮；京都與戰爭唯一的關聯，就是作為戰後凱旋遊行的舞臺。一直以來，戰場都在京都之外，人人認為京都是安全的觀眾席，然而保元之亂卻無情地粉碎了這個美好的想像。京都打破了禁忌，從此化身為戰場。

第五章

京都的敗亡與保元、平治之亂

——國都遭武士蹂躪的「武者之世」

攝關家的主導權之爭——藤原忠實、藤原賴長與藤原忠通的對立

聲勢急速跌落的攝關家在臨死前的掙扎吶喊，正是「武者之世」的前奏曲。

如第二章所述，全盛期已過的攝關家，地位急速滑落，只能被白河院政玩弄於股掌之間，對他唯命是從。藤原忠實因為激怒白河院而被迫將關白的位子讓給兒子藤原忠通時，藤原忠實才四十四歲，正是準備一展抱負的壯年。白河院下令要藤原忠通繼承關白時，他並未堅定拒絕，因此藤原忠實對此相當不諒解，認為這是不孝的行為。但另一方面，站在藤原忠通的立場，聽父親的話、拒絕白河院的命令，風險實在太高，因為假如真的拒絕了，白河院很可能會將攝關的地位賜給別人（攝關家的旁系）。

藤原忠實當時只有藤原忠通一個兒子，阻礙藤原忠通的飛黃騰達，攝關家就只有走上衰亡一途，因此他無法對藤原忠通出手。然而，藤原忠實在隱遁宇治時生下了次子藤原賴長，這麼一來，他便能培養藤原賴長成為未來的攝關，並了無罣礙地與藤原忠通對抗了。

讓藤原忠實隱遁、拔擢藤原忠通，都是出自於白河院這個專制君主的意志；反過

來說，只要白河院離開人世，情況就會不同了。大治四年（一一二九）白河院辭世後，崇德天皇之父鳥羽院便開始實施院政，藤原忠實也在此時回歸政界。鳥羽院並不討厭藤原忠實，在天承二年（一一三二）任命他為內覽，幫助他重掌權力。然而，一旦藤原忠實成為與關白藤原忠通擁有同等地位的內覽，就代表攝關家的權力自此完全分裂。而關白藤原忠通之所以沒有遭到免職，一來是因為他擁有實績，二來是因為他沒有犯過任何足以遭免職的罪。

接下來，父子二人便展開了一場激烈的「入內[1]競賽」。藤原忠實過去因為自己的失腳，使得女兒藤原泰子的「入內」之路受挫，如今總算讓她順利成為女御[2]，更坐上皇后的寶座。藤原忠實在保延六年（一一四〇）出家，隱居宇治，專心培育藤原賴長，使他能與藤原忠通抗衡。

藤原賴長的地位急速攀升，保延二年，年僅十七歲的他已成為內大臣。當時的左大臣（首席太政官）源有仁在久安三年（一一四七）去世，於是身為內大臣的藤原賴長，便直接被任命為左大臣，年僅二十八歲就當上首席太政官。如此一來，藤原忠實、藤原賴長父子便能夠以太政官的獨立性為藉口，制約關白的權力。三年後的久安六年，近衛天皇「元服[3]」後，藤原賴長便安排養女藤原多子「入內」，成為皇后。

而藤原忠通也加以反擊，讓養女藤原呈子「入內」，成為近衛天皇的中宮。皇后與中宮地位相同，因此兩者的勢力不相上下，不過藤原忠通還有另一個武器。近衛天皇的生母是美福門院（藤原得子），而中宮藤原呈子其實正是美福門院的養女，因此有她作為後盾。

美福門院是鳥羽天皇的皇后，直到晚年都倍受寵愛，握有極大的權勢。只要與美福門院聯手，就能拉攏鳥羽院，更能將美福門院的政敵塑造成反抗鳥羽院政的逆賊。在保元之亂中對立的雙方，其實並非後白河天皇與崇德上皇，而是繼承了故鳥羽院權力的美福門院一派及其政敵。焦急的藤原忠實，早在八年前就逼迫當時擔任攝政的藤原忠通將攝政之位讓給藤原賴長，但藤原忠通堅拒，於是兩人就此決裂。藤原忠實與藤原忠通斷絕父子關係，更剝奪了藤原忠通藤氏長者（藤原氏的領導者）的地位，轉予藤原賴長。這就是所謂的「悔返」，在當時，父母可以自由收回自己賦予子女的財產。

攝政、關白是天皇賜予的地位，因此無法依藤原忠實的意思收回，但藤原忠實讓給藤原忠通的藤氏長者地位，則可自由「悔返」。同年十月，藤原忠實甚至將過去給予藤原忠通的房屋、土地、莊園也全數「悔返」，並獻給鳥羽院。想必此舉一方面是為了彰顯自己的行為並非出自私欲，一方面是想討鳥羽院的歡心吧。鳥羽院不想涉入父子之間的爭執，因此有所遲疑，但最後仍在藤原忠實的堅持下收取了進獻[4]。

東三條殿與朱器台盤——藤原氏長者的象徵

「東三條殿（東三條第）」與「朱器台盤」，是藤氏長者地位的象徵。

東三條殿是一幢占地約二町的豪宅，位於左京北部，二條以南，西洞院以東，現在的二條城東方約四〇〇公尺處（圖8）。此豪宅由藤原家首位擔任攝關的藤原良房建造，中間歷經其養子（姪兒）藤原基經、藤原基經之子藤原忠平、藤原忠平之女婿重明親王（醍醐天皇的皇子）、藤原忠平之孫藤原兼家，藤原兼家之子藤原道隆，最後傳給藤原道隆之弟藤原道長，此後，便由攝關家嫡系的子孫代代相承。其間，藤原兼家之女藤原詮子嫁給圓融天皇，在此生下一條天皇，她也成為女院（地位等同上皇的女性），於是人們便將此豪宅稱為「東三條院」。

在院政期之前，攝關家已將日常居住用的宅邸與舉行典禮儀式用的宅邸分開[5]。東三條殿屬於後者，許多國家級重要典禮儀式都在此舉行，諸如大臣就任時的「大饗」（在就任時或新年時舉辦的大規模宴會）、男子的「元服」、女子的「立后」（進入天皇的後宮），以及將身為外孫的皇子立為皇太子的「立太子」等。這些儀式，其實都是為了向社會大眾宣告「攝關家的外孫裡天皇輩出」，也就是「攝關家有許多女性生下天皇」而演出的戲碼。東三條殿正是這些表演專用的舞臺，以具體形象展現攝關家的權勢。

攝關家（藤氏長者）世代交替時，也會在東三條殿交接象徵長者地位的器物；「朱器台盤」便是其中之一。「朱器」是塗了紅漆的食器，「台盤」則是擺放食器用的小桌（四腳～八腳）；朱器台盤即是用餐時所需的整套用品。此朱器台盤是攝關家始祖藤原良房之父——藤原冬嗣曾使用的古物，平時收藏在東三條殿東側的御倉町（攝關家專屬的倉庫街）；整個平安時代，攝關家的當家之主都會在由攝關或大臣主辦的大饗上使用它。

在藤原忠實失勢，藤原忠通當上關白、藤氏長者時，上述的朱器台盤與東三條殿便理所當然歸藤原忠通所有。於是，藤原忠實決定用武力奪回這一切。

派源為義搶奪東三條殿與朱器台盤——心中滿是仇恨的藤原忠實

久安六年（一一五〇）九月，藤原忠實對藤原忠通下最後通牒，要求他將攝政的位子讓給藤原賴長。藤原忠通不出所料地拒絕了，同時使出一記回馬槍——他沒有直接回答藤原忠實，反而上奏鳥羽法皇，表示倘若法皇想讓藤原賴長當攝政，則攝政的位子「可被收公不能讓與（寧願被免職，也絕不會自願讓出）」。我們不得不說，以一名政治家而言，藤原忠通的手腕確實比父親高明。另一方面，不想插手此紛爭的法皇，將藤原忠通上奏的文書轉交給人在宇治的藤原忠實。藤原忠實得知此事後勃然大怒，在深夜派遣使者前往京都，通知藤原賴長自己要立刻從宇治上京，要求藤原賴長相伴。看來僅有藤原忠實失去了理智。

藤原賴長漏夜趕往宇治與藤原忠實會合，隔天一早又在雨中回到京城。此時，藤原忠實找來了他私人聘請擔任隨從的檢非違使——左衛門尉源為義，命令他占領位在東三條殿東側的御倉町。到了中午，藤原忠實很可能是在眾目睽睽之下，對藤原賴長說：「諳可讓攝政之由數度，非唯無許諾，亦有不義之報命，是以將絕父子之義。攝政者天子所授，我不得奪之，氏長者我所讓，無有敕宣，然則取長者官授爾，何有所怖憚矣（我已多次要求攝政將職位讓出，他非但不答應，更對我不義，因此我將與他斷絕父子關係。攝政的職位是天子所賜，我不能剝奪，但氏長者乃我所讓，無須天子下令，既然如此，我就收回長者的地位，改授予你，沒有什麼好忌憚的）」。

藤原賴長在日記裡提到，儘管他已力勸父親並極力推辭，父親卻充耳不聞。但這其實是藤原賴長為了博取輿論支持而做的表面工夫。

藤原忠實找來了源為義的兒子源賴賢等人，要他們把朱器台盤等物品帶出御倉町，又占據了東三條殿。接著他向鳥羽院稟報：「攝政不從愚臣之命，不孝尤甚，是以既絕父子義，仍授長者官於左大臣畢（愚臣已與攝政藤原忠通斷絕父子關係，且將長者的地位授予左大臣藤原賴長）」。鳥羽院回覆藤原忠實一封書狀，表示理解，代表藤原忠實的行為獲得認可[6]。

三個月後的十二月，藤原忠通由攝政成為關白；這是由於近衛天皇在同年一月已滿十二歲，亦即「元服」（成年）的關係。儘管藤原賴長沒能獲得攝關的地位，卻積極向鳥羽院爭取，最後在隔年的久安七年（一一五一）順利成為內覽。內覽的權限與關白相同，如此一來，藤原賴長便擁有與關白藤原忠通對等的地位。

對藤原忠實、藤原賴長父子而言，這固然是前進了一大步，但兄弟兩人分別以關白與內覽的身分對立，代表攝關家的分裂就此確定，無論哪一邊存活下來，都將註定衰亡。此外，雙方為了求勝，皆毫不掩飾地巴結鳥羽院，導致攝關家的命運完全掌握在鳥羽院手中。為了這場權力鬥爭，藤原忠實甚至不惜在京都動員武士，而那就彷彿毒品一般，一旦沾染上，便再也無法自拔，使得攝關家從此必須依賴武士才能存活。非但如此，他們更一手將京都推入被武士無情蹂躪的時代。

接二連三的失策——藤原忠實、藤原賴長的失勢，源為義的插手

在這段過程中，一個偶然的巧合加速了攝關家的沒落。當時近衛天皇罹患眼疾，

病情日漸嚴重，連上朝都有困難，最後於久壽二年（一一五五）七月病逝，得年十七歲。近衛天皇沒有子嗣，因此他的皇統就此斷絕，藤原忠通與藤原賴長的「入內競賽」也失去了意義。

然而紛爭並未就此落幕。一個月後，也就是八月時，人們開始謠傳：近衛天皇的靈魂附在一名巫女身上，說：「先年，人為詛朕，打釘於愛宕護山天公像目，故朕目不明，遂以即世（前幾年有人為了詛咒我，在愛宕山天公像的眼睛上釘了釘子，導致我罹患眼疾，更因此喪命）」。鳥羽院派人前往現場調查，發現天公像的眼睛上真的被釘了釘子。於是，近衛天皇之母美福門院與關白藤原忠通，便懷疑這是藤原忠實與藤原賴長父子所為[7]。美福門院因為愛子的早逝而失去了理智，連帶使得深愛著她的鳥羽院也感染了她的懷疑與憎恨。早在四年前的仁平元年（一一五一），藤原忠通就曾稟告鳥羽院：「藤原賴長說近衛天皇近日即將讓位」，藉以煽動鳥羽院的猜疑心[8]，如今再加上這起事件，鳥羽院對藤原忠實、藤原賴長父子的恨意便更為明顯。

天皇之位最後決定由近衛天皇的同父異母哥哥後白河（雅仁親王）繼任。從身為弟弟的近衛天皇早一步當上天皇這一點，便可知雅仁親王一開始就被認定欠缺擔任天皇的器量。雅仁親王的兒子守仁親王是美福門院的養子，她希望守仁親王能夠繼位，鳥羽院雖然同意了，但畢竟不能跳過身為父親的雅仁親王，就讓守仁親王繼位，因此他們決定在立刻讓位給守仁親王的前提下，先讓雅仁親王（後白河）即位，扮演中繼的角色[9]。

遭美福門院深惡痛絕的藤原賴長，在後白河的朝廷裡根本沒有容身之處。藤原忠通在後白河踐祚（繼承皇位）的同時便回任關白，但藤原賴長卻並未回任內覽。兩個月後的久壽二年十月，藤原忠實忍無可忍，便主動催促鳥羽院，鳥羽院也表示理解[10]，但最後還是沒有讓他復職。由此可知，藤原忠實、藤原賴長父子至此已完全失勢。

藤原忠實、藤原賴長父子因為近衛天皇之死而失利的事實，成為了政界勢力重組的導火線，因為這場火意外延燒到武士的世界，助長了源氏內部的紛爭。

就在藤原賴長得知「美福門院和鳥羽院相信近衛天皇的早逝，乃肇因於藤原忠實、藤原賴長父子的詛咒」這件事的同一天，源義賢在武藏被其兄源義朝之子源義平殺害的消息，也傳進藤原賴長的耳裡[11]。這兩起事件乍看之下似乎只是單純的巧合，但事實上也許並非偶然。兩件事的背後，極可能有著相同的原因——源氏的分裂。

因為身為源義家的嫡孫而成為源氏繼承人的源為義，擁有檢非違使左衛門尉的地位，在鳥羽院政下負責維護京城的治安。為了重建早已分裂、衰弱的源氏勢力，並迎頭趕上當時勢如破竹地超越源氏的地位，成為武士代表的平正盛、平忠盛父子，他勢必得發揮領導能力，團結源氏。孰料事與願違，源為義的嫡子源義朝背叛了他。

自家人分裂的問題尚未解決，源為義卻一時不察，成為了藤原忠實的隨從，也就是他的私人武力。源氏以隨從的身分對攝關家表達敬意，是攝關政治全盛期以來的傳統，這件事本身並不是問題。問題在於，當攝關家分裂，兩派人馬互相鬥爭時，源為義沒有保持中立，而站在藤原忠實那一邊。這使得本來與此事毫無關聯的源氏也被捲入，助長了無謂的紛爭與分裂。更重要的是，源為義選錯邊了。

在攝關家的爭權過程中，藤原忠通自始至終採取守勢，總是表現出一副受害者的模樣，讓民眾心中深植「藤原忠實仗著自己父親的身分，想從可憐的藤原忠通手中搶回權力」的印象，於是輿論漸漸倒向藤原忠通。此外，相較於和美福門院聯手、拉攏整個鳥羽院政的藤原忠通，藤原忠實、藤原賴長父子卻利用強制手段取勝，以武力接收東三條殿正是其中一環。然而此舉太過輕率。

藤原忠實訴諸武力，就等於公開宣布「只要抬出大義，攝關家內部的問題就可以靠武力解決」。一旦問題被簡化為比較武力的強弱，那麼只要設法拉攏最強的武士，便能獲勝。只不過，在過去白河院的主政下，早已建立起「所有武士皆須聽命於治天」的機制；而一手掌握強力武士的鳥羽院所寵愛的美福門院，則站在藤原忠通那一邊。只要「藤原忠通─美福門院─鳥羽院」的連結沒有被打破，鳥羽院政下最強的一群武士絕不可能成為藤原忠實的夥伴。鳥羽天皇過世後，有力武士幾乎全數集結在美福門院的手下，在保元之亂中直接成為後白河天皇的陣營。從上述結構看來，有力武士幾乎全數不支持崇德上皇與藤原賴長，也是理所當然。

因源為朝而失去支持的源為義──源義親事件的重演

源為義選的這一邊，便是上述受到排擠的藤原賴長陣營。源為義生了許多兒子（傳說多達二十三人），並將他們派至全國各地，確保、擴充領地和郎等，藉以培養勢力。根據文獻記載，源為義自己也經常造訪近江的佐佐木氏（並非著名的佐佐木氏，而是人稱「本佐佐木」的古代氏族後裔）的根據地，要求對方交出一個兒子來當自己的郎等，對方也答應了[12]。源為義要求兒子們也採用這樣的手法，於是長子源義朝在房總半島及相模的鎌倉、次子源義賢在武藏、四子源賴賢在信濃，八子源為朝則在九州，各自擴張勢力。

然而，源氏似乎沒有什麼學習能力。遠離身在京都的父親，在各地培養勢力的兒子們，逐漸不受父親的控制，變得目無法紀，在當地成為殘虐暴君的模式，已經有源義家之子——源義親與源義國的前例（第三章），但源為義卻無法解決最根本的問題，重蹈先人的覆轍。

不出所料，他的八子源為朝徹底失控，在九州各地作亂，宛如源義親一般的惡夢再次上演。同樣地，源為義也無法制止源為朝；久壽元年（一一五四）十一月，源為義被迫負起責任，因此右衛門尉的職位遭到免除[13]。源為朝繼續在九州為非作歹，隔年的久壽二年四月，朝廷下令當地武士不得與他為伍[14]。源為朝之所以在隔年的保元元年（一一五六）回到京都，是為了替即將到來的戰亂做準備，換言之，他只不過是覺得發現了一個更好玩的地方。藤原賴長陣營淪落到必須仰賴這種不法之徒，可想而知他們是多麼邊緣。

另一方面，仁平三年（一一五三），三十一歲的源義朝成為了下野守。源氏在源義家之前的世世代代，皆透過受領（國司之首）的地位培養勢力；源為義終其一生無法就任此官職，他的兒子源義朝卻輕鬆地坐上了這個位子。

重要的是，這件事發生在源為義因為源為朝的濫行而遭到免職的一年之前。如同當初源義親的事件一般，父親因為兒子在地方上作亂而遭到免職，必須經過長時間的調查與討論，因此反推回去，源為朝的濫行，應該也是在父親遭到處分的一年前，就已經被視為問題了吧。鳥羽院政從那個時候便慢慢疏遠源為義，讓他的長子源義朝取代他。排擠不順從院政的父親，強制讓兒子世代交替的手法，正是過去白河院對攝關家的藤原忠實、藤原忠通所為；這或許可說是院政的拿手絕招吧。

鳥羽院、美福門院、藤原忠通展開攻勢，殺害源義賢

在保元之亂中，源義朝加入後白河天皇陣營參戰，除了他以外的源為義一家則加

入崇德上皇陣營參戰，於是源義朝的大弟源義賢取代了源義朝，獲得嫡子的地位。源義賢在保元之亂的前一年，亦即久壽二年（一一五五），在武藏被源義朝的長子源義平所殺。源義平是出了名的不良分子，有「惡源太」之稱，人人懼怕[15]。後來，源義賢死後，其子木曾義仲與源義平之弟源賴朝成為宿敵的遠因，正是此事件。有些人認為這起事件只是源氏內部在爭奪勢力，但事情其實並沒有這麼單純。

源義賢遭到殺害的消息傳入身在京城的藤原賴長耳裡那一天，藤原賴長還同時得知另一個壞消息——據說美福門院與關白藤原忠通相信了「藤原忠實、藤原賴長父子詛咒近衛天皇」的謠傳，甚至連鳥羽院都相信了。

這兩件事在同一天傳進藤原賴長的耳中，或許只是湊巧，但兩者皆發生在近衛天皇死後一個月這一點，就很難用巧合來解釋了。詛咒的謠言，想必是藤原忠通與美福門院意圖趁著近衛天皇之死，一舉殲滅政敵藤原忠實、藤原賴長父子而展開的攻勢吧。既然如此，除了藤原忠實、藤原賴長父子本人之外，他們也極有可能同時對其手下及同夥進攻。

此時，藤原忠實最仰賴的武力——源為義，當然就成了首要目標。話雖如此，源為義本人早在前一年就遭到免職，那麼第二順位該做的，便是削弱源為義的實力，也就是對他兒子下手。人在武藏的源義平，實在不可能獨斷獨行地殺害叔父源義賢。源義朝和兒子們的關係很好，因此可以推測背後應是源義朝在策動。不僅如此，源義朝的背後，甚至還可能有鳥羽院或美福門院、藤原忠通在指使。不論從時序來看，或從當時的政治情勢來看，上述推論都十分合理。

保元之亂的前哨戰——追討源賴賢

上述論點並非陰謀論，亦非純粹出自臆測，而是有另一起事件可作為佐證——二個月後的久壽二年十月，鳥羽院命令源義朝前往信濃，討伐源義賢之弟源賴賢。源賴賢與其兄源義賢有「父子之約（義父子關係）」，因此源義賢橫死後，源賴賢便成為源為義的繼承人。源賴賢因為義父遭殺害而對源義朝父子心懷恨意，為報仇而前往信濃，進行準備。然而不知為何，他開始侵略鳥羽院的莊園，因此鳥羽院便命源義朝進行追討[16]。

目的明明是替源義朝父子報仇，卻無端襲擊鳥羽院的莊園，源賴賢的行徑實在令人費解；此外，直接與鳥羽院為敵，更可謂愚蠢至極。這可能是在流傳的過程中產生的誤傳，或是鳥羽院為了替追討賦予正當性，而在事後找的藉口吧。重要的是鳥羽院命令源義朝追討源賴賢的事實，只要此事實存在，鳥羽院便不可能和僅僅兩個月前，源義朝陣營（源義平）攻擊源賴賢陣營（源義賢）的事件無關。況且，假如源義平殺害源義賢的行為並未獲得鳥羽院的同意，源義朝勢必會因為擾亂治安之罪受到懲處，而在兩個月後，鳥羽院也不可能指派源義朝追討源賴賢。由此可推知，源義平應是在鳥羽院的指示（至少是默許）下殺害源義賢的。

如上所述，假如美福門院與藤原忠通聯手，試圖假借鳥羽院政之命，派源義朝以武力壓制源為義陣營，這整起事件的架構便與九個月後的保元之亂如出一轍。這就表示，保元之亂早在近衛天皇過世（後白河踐祚）時就已開始；而源義賢在武藏被殺、源賴賢在信濃遭追討等事件，其實都是保元之亂的前哨戰。

源賴賢是在東三條殿接收事件中最重要的實戰部隊，且深受藤原賴長斷袖之寵[17]。因此，鳥羽院下令追討源賴賢，表面上雖是間接，實際上卻等同於直接對藤原賴長展開攻擊。正如藤原賴長在日記裡提到的，這件事透露出鳥羽院對藤原忠實、藤原賴長父子的恨意。

鳥羽院勢力（後白河陣營）在京城實施的戒嚴與鎮壓

就在藤原賴長面臨敗北之際，不幸地又被另一個巧合逼上絕境——鳥羽院過世。鳥羽院之死引爆了保元之亂，而這場亂事，正是從平安京蛻變而成的「京都」第一次經歷的重大戰爭。在這場堪稱京都史上驚天動地的大事件中，武士把京城變成了屍山血海，對當初將死亡與鮮血視為穢物而避之唯恐不及的平安京貴族而言，可說諷刺至極。而且，這場戰役並非出自武士的自由意志，而是得到當時以院政與攝關家為代表的朝廷許可，甚至可說是朝廷一手促成的。朝廷親手把國都推進武士思維之中，再也無法回頭。

在保元之亂中，武士在超過十萬人的京城民眾面前，展開一場爭奪天下的決戰。一位名為平信範的朝臣見證了一切，並鉅細靡遺地記錄在他的日記《兵範記》中。接下來，就讓我們循著這份珍貴的文獻，一窺武士究竟為京都帶來了什麼樣的結局。

保元元年（一一五六）的五月下旬，久病的鳥羽法皇已無法進食。五月三十日，他下令所有人停止為他祈求延壽，開始進入「御萬歲沙汰（臨終的準備）」。六月上旬，他的病情陷入「危急」。六月十二日，美福門院出家，但並非為了替鳥羽院祈求延壽，而是祈求他能往生極樂、來世安樂的臨終準備。

一個月後，平信範在日記裡回顧：六月一日，鳥羽院召集武士來到他的病榻前，交代源義朝、源義康（源義國之子，源義家之孫）保衛後白河天皇的內裡高松殿、源光保、平盛兼等「源氏平氏輩」保衛院御所鳥羽殿。這是由於當時鳥羽院聽聞崇德上皇及左大臣藤原賴長企圖「同心」舉兵的風聲，因此格外提防警戒。也就是說，鳥羽院早已預見一個月後的保元之亂。

於是，在源平武士的大軍守護之下，鳥羽院在七月二日辭世。緊接著，朝廷便忙著舉辦葬儀佛事，同時鞏固軍備。三天後的七月五日，後白河天皇下令「停止京中武士」，亦即禁止諸國武士進入京城、京中武士自由活動，確保京城中只留下負責守護內裡的武士。

此外，為了強化警戒，平基盛（平清盛之子）、平惟繁、源義康也被召集至內裡。翌日，大和源氏的源親治意圖闖入京城，在東山的法住寺（位在鴨川以東、七條大路末，現在的三十三間堂附近）一帶遭平基盛逮捕。源親治是過去對抗興福寺，毫不留情地對山門嗷訴展開攻擊的源賴治之孫。據說他遭逮捕的原因，是朝廷懷疑隱居宇治的藤原賴長為了返回京都，而先派遣他回來。

兩天後的七月八日，後白河陣營有了大動作——源義朝軍奉命佔據東三條殿，以及位於其東側、存放朱器台盤等器物的御倉町。此類命令，乃是後白河背後的美福門院、關白藤原忠通，以及後白河的乳母夫（乳母的丈夫）信西所下達。而主導此事的，想必是動機最為強烈的藤原忠通。過去父親藤原忠實曾派源為義做出同樣的事，如今藤原忠通以相同的手法展開逆襲。

藤原忠通不能像父親藤原忠實一樣，以「悔返」作為藉口，將自己的行為正當化，因此他改用「沒官（朝廷將官位沒收）」的說法，來尋求正當化。儘管是非常手段，但此舉也開了先例，使得本來應該由攝關家內部自行處理的當家象徵物品，現在可由朝廷沒收，再重新分配。

源義朝占據東三條殿時，發現有宇治平等院的僧人「修祕法（密教的秘密咒語）」。源義朝將其逮捕並進行訊問後，得知他奉藤原賴長之命，平時就住在東三條殿。於是，世人心中對「藤原賴長一定在暗地裡策劃什麼壞事」的印象，也就烙印得更深了。

崇德集結兵力的目的並非叛變，而是自衛

隔天七月九日，崇德上皇也有了動作。早前，崇德上皇為了就近探望鳥羽院，而暫宿於鳥羽一處名為田中殿的御所，但在鳥羽院過世的前一天，也就是六月三日，他卻突然在沒有告知任何人的狀況下，進入了白河北殿。白河北殿是他的妹妹統子內親王（上西門院）的御所，但她早在七天前就已經搬到鳥羽，白河北殿空了下來，於是他便強行占據該處。接著，平忠正（平忠盛之弟）、平家弘、源為義等在鳥羽院政中屬於非主流派的武士，也被召集至白河北殿，集結兵力。

崇德上皇也是鳥羽院政的犧牲者。崇德上皇的母親待賢門院與白河院（鳥羽院的

祖父）有染，鳥羽院懷疑崇德上皇是兩人的不義之子，非常討厭他。此外，鳥羽院當初也曾命令崇德上皇將皇位讓給確定是自己親生的近衛天皇。

話雖如此，在此之前，崇德上皇從未做出任何啟人疑竇的舉動。在保元之亂的過程中，崇德上皇也不曾有主導武力政變的跡象。唯一存在的，只有「崇德上皇集結兵力」這個事實，而光是如此，並無法構成意圖叛亂的證據。畢竟先集結兵力的其實是後白河陣營，以及更早以前尚在人世的鳥羽院。

鳥羽院等人之所以集結兵力，應是為了預防難以預料的事態而嚴加戒備。而崇德上皇逃離鳥羽，來到白河北殿，想必是看見兵力陸續集結至內裡，而心生恐懼，甚至懷疑那些軍隊是不是會襲擊自己。當然，他集結兵力，也只是因為在疑心生暗鬼之下，想召集一些武力來保護自己罷了。

然而，七月九日離開宇治的藤原賴長，卻在白河北殿與崇德上皇會合。與尚未洗清叛亂（詛咒近衛天皇）嫌疑的藤原賴長同流合污，導致世人對崇德上皇的印象一落千丈。根據平信範在日記裡的紀錄，彷彿他親眼看見崇德陣營的武士意圖進行「合戰」，而崇德上皇也與藤原賴長達成協議，開始進行準備一般，但此說法令人存疑。

與後白河陣營關係緊密的他，不可能將崇德陣營內部的情況掌握得如此精確。此說法應為臆測，或是流傳在坊間的傳聞。

而藤原賴長意圖舉兵的說法，也很難令人置信。因為他富和漢之才，是一位被譽為「日本第一大學生」[18]的儒學名家，更重要的是，容我再次重述，在作為儒學道德觀核心的「禮」思想中，子女對父母的順從（孝），以及臣子對君主的順從（義），乃是基本中的基本。我們很難想像一生醉心於儒學的藤原賴長，會罔顧「義」，以臣子的身分對天皇舉兵。藤原賴長很可能只是察覺到後白河陣營集結兵力的目的，是打算對付對崇德上皇和自己，而為了避免自己在遭到突襲時，貧乏的兵力（源為義等人）過於分散，無法抵禦，因此雙方才匯聚一處的吧。

藤原忠通之子慈圓所著之史書《愚管抄》，亦可作為上述論點的佐證。《愚管抄》是在數十年後，作者依據當事人的證詞並考究史實所撰的史書，可信度與只觀察後白河陣營的平信範日記平分秋色，甚至更高。《愚管抄》記載，當時源為義指出留在白河北殿等待敵方襲擊，對己方不利，應往東方撤退，重整態勢，但藤原賴長卻持反對意見，表示不用著急，又不是現在馬上就有什麼事情會發生。可見藤原賴長處於被動立場且態度從容，實在不像企圖立刻舉兵的人。

而源為義提出的意見也相當重要。源為義表示：「我能動員的只有自己的幾個兒子，郎等全都在敵方源義朝那裡，我們的兵力實在太薄弱，假如只是『待戰（等敵方發動攻擊）』，我們根本無法抵禦。若能即刻前往宇治，並將宇治橋切斷，應該可以撐一陣子。否則就請撤退至近江。往甲賀山的另一側逃亡，做好死守的準備，等坂東武士抵達，應該就有辦法應戰。倘若坂東武士無法及時趕到，我們也可以往關東移動，阻斷足柄山的山路，將其作為要衝，應該就能抵擋攻擊。坂東地區自先祖以來，代代皆有許多源氏郎等，不會有人不順從為義。」

我想請各位特別留意的是，這段發言中，完全沒有提到主動展開攻擊。源為義所提出的，僅是「假如後白河陣營發動攻擊，己方該如何防禦、撤退、設法存活下來」的策略罷了。換句話說，崇德上皇、藤原賴長陣營之所以召集兵力，只是為了自保、自衛。

保元之亂的真相——白河陣營輸給了自己的疑神疑鬼

然而集結兵力的舉動，卻成為敵軍指控他們「明顯企圖謀反」的宣傳材料，提供敵軍發動攻擊的藉口，也是事實。不得不說崇德陣營太過天真。後白河陣營在一口咬定「崇德上皇、藤原賴長意圖謀反」之後，便決定一舉殲滅他們，使他們從此在政壇消失。冷靜而講求效率的後白河陣營導出的結論是：假如要採取強硬手段，當然必須速戰速決，而且應該選擇對己方最有利的奇襲。

在背後促成這個決定的，是在後白河天皇執政期間躍上政治舞臺的信西。信西（藤原通憲）是學者藤原南家的後代，官拜少納言及受領，僅是中階朝臣，但學識淵博，被譽為「學生拔群」[19]。關於信西的評價幾乎全是讚譽，就連公認的儒學名家藤原賴長都曾讚嘆：「才餘世，世不尊之，是天亡我國也（世人不重視他卓越的才華，這是天要日本滅亡的前兆）」[20]，鳥羽院也偷偷下令信西編纂繼六國史之後的國史[21]，總之他是一名天才，倘若他的壽命更長一些，必定能改變中世的歷史。

崇德陣營預謀「合戰」，只不過是後白河陣營的推測。然而信西等人認為，萬一這個推測屬實，就必須先發制人，擊垮對方，否則等對方展開行動就太遲了。後白河陣營在七月十日得知崇德陣營的武士集結於白河北殿後，便決定隔天凌晨付諸實行。保元之亂就此爆發。

綜上所述，可知保元之亂不過是一場肇因於雙方互相猜疑的事件。雙方陣營皆因為擔心對方突襲而增強軍備，卻反而提高了對方的戒心，不但疑神疑鬼，更陷入難以收拾的惡性循環。而早在崇德陣營開始集結兵力的階段，後白河陣營就失去了耐性，展開攻擊。

院政的空窗帶來「武者之世」——進入武士以戰爭蹂躪京都的時代

近衛天皇死後，後白河天皇在高松殿踐祚（繼承皇位），並直接以高松殿作為內裡。高松殿是一幢占地約一町的宅邸，位於三條坊門以南、町小路以西、姉小路以北、西洞院以東（圖8），相當於現在的地下鐵烏丸御池站以西約三〇〇公尺，從西南方連接祇園祭中山鉾進行最後的「辻回」（轉向），開始往南走的御池通、新町通交叉路口。東三條殿就在其北側，兩者中間隔著三條坊門小路（現在的御池通）。後白河軍集結的地點，就是高松殿。

另一方面，崇德院、藤原賴長陣營集結的白河北殿，則是元永元年（一一一八）白河院為了當作院御所而建造的豪宅，占地二町見方，位於鴨川以東、大炊御門大路末北側（請參照前述圖）。現在平安神宮東北側的京都市左京區「岡崎北御所町」，前身是上京區岡崎町的「字[22]」，名為「御所內」。一般認為，上述兩地名稱中的「御所」，就是指白河北殿。兩軍各自以上述兩處御所為據點，隔著鴨川對峙許久。忽然，大批武士由高松殿出發，橫渡鴨川，對白河北殿發動夜襲。不同於之前偶爾發生的武士個人衝突，名符其實的戰爭就此揭幕。

《愚管抄》提到：關東、鎮西（坂東、奧羽、九州）發生亂事，過去時有所聞，然而王、臣於「都內」交戰，在鳥羽院之前從未發生。此乃令人汗顏且悲哀之事。這正是本書想強調的重點——保元之亂的意義。

化身為戰場的白河北殿，並不在平安京內，然而該場戰役的當事人藤原忠通之子，也就是撰寫《愚管抄》的慈圓，卻明確指出那是一場發生在「都內」的戰爭。這證實了當時的人們早已將平安京（左京）與白河視為一體，稱之為「都」。此外，上述引文的前面，有一段著名的文字：「鳥羽院死後，日本國叛亂連連，自此開啟武（武者）之世」。根據慈圓的說法，此為史上首見的「武者之世」，亦即「由武士擔任主角的時代」。綜合上述內容，站在京都歷史的觀點，「武者之世」意味著「武士以戰爭蹂躪京都的時代」。而且，這些發生在京城裡的戰役，皆是在掌握鳥羽院政人脈的美福門院默許下，由攝關及天皇的心腹指示進行的。既然如此，所謂的「武者之世」，也就是「朝廷將政治問題交給武士的武力來解決，若有必要，就發動戰爭蹂躪京都的時代」。

更重要的是，這些動亂皆發生在鳥羽院歿後。鳥羽院生前不曾下令武士在京城中發動攻擊，反而是在鳥羽院死後，後白河天皇親政，也就是院政產生空窗期的這段時間，戰爭才爆發的。既然如此，這場戰爭便與院政無關。另外，在後白河陣營的兩名主導者中，關白藤原忠通體現了攝關政治，而信西所追求的既非（反智且目中無人的）院政政治，亦非攝關政治，而是在復古與現實之間取得平衡，以天皇為主導的中世政治[23]。

在鳥羽院政結束後隨即發生的這場與院政毫不相關的保元之亂，正是對院政算總帳。回頭想想，崇德上皇的孤立，起因乃是白河院那種連孫媳婦都染指的恣意妄為與專制心態；而藤原忠實、藤原賴長父子的孤立，以及他們與藤原忠通的對立，則是起因於白河院對藤原忠實的打壓。這些累積已久的怨念與不滿，在院的強勢作為下始終遭到壓抑；而當鳥羽院隕歿，壓力消失時，以保元之亂的形式爆發，可說是一種必然。

白河北殿的焚毀與藤氏長者的更迭——開戰與決勝

保元元年（一一五六）七月十一日凌晨，六百騎武士奇襲了白河北殿。由源義朝率領的兩百騎，沿著白河北殿正門所在的大炊御門大路（現在的竹屋町通）由西往東進軍。儘管人數不如平清盛的軍隊，但從正面進攻的源義朝軍隊，應可視為官軍的主力。平清盛所率領的三百騎，則是沿著大炊御門以南二町的二條大路往東進軍。從位置上來看，他們應該是在源義朝軍隊與崇德陣營交鋒時，扮演後援的角色。另外由源義康率領的一百騎，則是從大炊御門以北四町的近衛大路（現在的出水通）往東進軍，負責壓制白河北殿的後路。源賴政、源重成、平信兼等人的軍隊，也投入了戰役。

當天辰時（上午八點左右），在後白河陣營的大本營高松殿，已可看見由東方竄出的火焰。因為已經下定決心把京都變成戰場的官軍，此時已在京都放了火。而且，那裡還是白河院一手開發，興建了六勝寺、得長壽院等建築，展現出院政富貴榮華的地區。在該處縱火，象徵著「武者之世」的揭幕，讓以院為最高掌權者的院政體制就此告終。

這場大火之後，兩軍勝負已定，崇德陣營各自逃竄，戰爭就此結束。官軍著手搜索、掃蕩餘黨，並於午時（正午）凱旋歸返高松殿，後白河天皇親自慰勞嘉許平清盛與源義朝。

交戰當日，天皇下旨，命令關白藤原忠通「成為藤原氏的氏長者」。天皇竟然下令決定本應由氏族內部決定的氏長者人選，此事前所未聞，也難怪平信範會在日記裡表示詫異。

如此一來，攝關家看起來似乎就此隸屬於天皇家，不過此狀況其實早在白河院政時期便已開始。況且，這道諭旨絕對不是後白河天皇主動下達的。一般而言，藉由公權力讓特定個人獲得利益的命令，必須由受益的當事人提出申請，經過審查後才會發出，這是研究中世史料的常識。藤原忠通大概是想仗著自己立下的戰功，請求朝廷將這個必定能獲得輿論支持的結果化為明文，讓自己與藤原賴長之間的紛爭透過法律劃下句點吧。前所未有的「藤氏長者謀反」事件，讓這個異於常態的法律程序（由朝廷介入並主導氏長者的決定）得以正當化。換言之，假如氏長者發起叛亂，則朝廷便可以——或說必須沒收其所有權利。

在戰後遭到殘殺的敗軍將領

在戰亂告終的那一天，朝廷發表了重要的人事異動。平清盛成為播磨守，源義朝成為右馬權頭，並獲准昇殿，另外源義康也獲准昇殿。

不同於過去以藤原忠實私人軍隊身分接收東三條殿的源為義，保元之亂的源義朝，是鳥羽院以院宣召集而來，並奉後白河天皇之命參戰的。藤原忠實、藤原賴長父子與源為義落敗，使得攝關家失去所謂的私人兵力，源氏自攝關家獨立出來，自此直接隸屬於天皇。

保元之亂結束後，朝廷對戰俘的處置十分苛酷。崇德院在決戰兩天後的十三日投降，十天後被流放至讚岐，最後在此過世。據說崇德院來到讚岐後，用自己的血抄寫五部大乘經，希望藉此達到「可滅亡天下之趣」[24]。藤原賴長起初下落不明，死生未卜，後來終於找到相關人士的證詞。據說他在十一日的合戰中遭流矢射中，負傷逃往西山（嵯峨方向），在嵯峨的大堰川（桂川）乘船南下，經過淀，於十三日抵達山城南部的木津一帶。他聯絡了人在宇治的藤原忠實，請求庇護，但藤原忠實卻拒絕了他，往南都（奈良）潛逃，藤原賴長於隔天十四日死去，隨即被安葬。

崇德院只被流放，藤原賴長則是不幸遭遇意外而身亡，然而朝廷對武士的處置卻極為殘酷。在崇德院確定遭到流放的五天後，也就是七月二十八日，朝廷先是下令平清盛在六波羅附近處死叔父平忠正與其子平長盛、平忠綱、平正綱，以及他們的多名郎等。刻意命令平清盛執行平氏的死刑，刑場更選在平氏的根據地六波羅，乃是為了展現後白河陣營的方針：氏族的問題，盡量交由該氏族的領導者來解決。另外，六波羅鄰近自古以來的「葬送之地」鳥邊野，應該也是它被選為刑場的原因之一。處刑會帶來穢氣，因此朝廷一開始就打算在這塊自古專門接納穢氣的土地旁行刑。

兩天後的三十日，平家弘及其家人（平康弘、平盛弘、平時弘、平光弘、平賴弘、平安弘）在京都西北方的大江山遭到處刑，行刑人並非同為平氏的平清盛，而是由源義康擔任。這也許是因為源義康一族並沒有與任何人敵對，而平家弘一族與平清盛的血緣又太遠，稱不上是同一家族的關係吧（平清盛的高祖父與平家弘的曾祖父為兄弟）。大江山位於京都與丹波國的交界，是相傳可以阻隔外界穢氣進入平安京的「四堺」之一。他們也是為了減輕京都的穢氣而被帶來此處行刑，而實際處刑的地點應在丹波國境內。

同一天，源義朝在京都北方的船岡山處死了父親源為義及源賴賢等多名弟弟。位於船岡山山麓的蓮台野，也是自古作為「葬送之地」的場所（圖1），選擇此處作為刑場的理由應與六波羅相同。

六波羅是平清盛一族的根據地，因此在六波羅的行刑現場，除了平家一族以外，應該沒有太多旁人目擊。船岡山是位於平安京主要幹道朱雀大路北方的一座小山丘，這一帶並未都市化，圍觀群眾應該也不多。至於大江山，則是位在從平安京往西，渡過桂川之後，尚有好幾公里遠的丹波國交界處，顯然也沒有預設讓京城民眾圍觀。也就是說，上述處刑皆沒有公開，而是低調迅速完成的。

而在處刑之後，朝廷也沒有公開展示死者的首級。目前找不到任何有關首級在獄門示眾的紀錄，根據《保元物語》的記載，朝廷表示由於當時仍在鳥羽院守喪期間，因此將首級直接棄置於刑場附近，沒有示眾。在保元之亂中，叛賊的處刑過程與首級都沒有公開示眾，亦即沒有「劇場效果」。這一點，與歷代源氏武將在追討叛賊（平忠常之亂、前九年合戰、平師妙之亂等）後，便舉辦盛大的凱旋遊行，帶著首級或俘虜入京的做法截然不同。由此可知，朝廷與京都社會似乎只喜歡看叛亂分子的首級遊街示眾，而無法接受將活人斬首的場景。

將武士的死刑習慣引進國家的「武者之世」

當時，後白河天皇下令檢非違使源季實去檢查源為義的首級；或許是因為擔心源義朝不忍親手處死父親，而偷偷放他走吧。最後雖然證實那只是後白河天皇的杞人憂天，但朝廷堅持確實執行如此大量的死刑，並不尋常。根據《保元物語》，在大同五年（八一〇）的藤原藥子之變中，藤原藥子之兄藤原仲成遭到射殺以後，日本連續三個世紀半都沒有對犯人判處過死刑。再加上當時正值鳥羽院的治喪期間，因此公卿一致主張將武士流放即可。

但正如前述，自平將門之亂以來，朝廷便始終以下令「追討」的形式，將地方上的叛亂分子處以死刑。不過，「追討」是朝廷派人去追捕叛亂分子，經過一番混戰後，殺死了拒捕的叛賊；而遭到逮捕或主動投降的人，也就是沒有反抗的人，確實都不會被判處死刑。換言之，死刑制度雖然沒有廢止，但朝廷卻透過「不判處已遭逮捕的嫌犯死刑」，迴避了死刑。然而，如今朝廷卻在沒有修改法律的狀態下，改變了運用法律的精神。為什麼會出現如此戲劇化的轉變呢？根據《保元物語》，當時信西反對公卿所主張的流放處分，進言道：「此非常時期，帝須臨機應變做出決斷。若將眾謀反者流放諸國，將後患無窮，應處以死刑。」後白河天皇深表認同，於是下令處刑。

然而這段敘述並不合理，因為信西是一名卓越的儒學家。儒學家最重視的就是「禮」，在「禮」思想中，「孝」是一種絕對的價值觀，絕不可能允許子弒親。故意挑選身為兒子的源義朝來替父親源為義處刑——儒學家實在不可能做出這種不孝至極的提議。真相只可能是以下兩者之一：要不就是信西當時已放棄儒學，要不就是該提議並非出自信西。而有證據顯示，信西及其子嗣在保元之亂後仍是「學生（儒學家）」，因此當時的「大量處死」，絕不可能是信西的意見。

既然如此，處死的意見到底是誰提出的呢？首先，應該不可能是後白河天皇。因為在這個階段，他只不過是美福門院、藤原忠通以及信西的傀儡，根據文獻，他的個性也並非喜好殺戮到不惜無視輿論的反對，堅持執行死刑。美福門院的個性也並非如此，事實上，她自始至終都只是後白河陣營的精神領袖，完全沒有主動針對軍事行動做出判斷或下命令的紀錄。另外，也應該不是藤原忠通。根據某一派的說法[25]，就算藤原忠通是個陰險的策士，他的個性也不至於殘虐到提出或決定如此慘無人道的處刑方式。

所以究竟是誰提出的呢？無論是透過消去法或從必然性來看，答案都是「武士」；而可能性最高的正是源義朝本人。

在平安時代，朝廷並沒有執行死刑；但武士卻不同。在白河院政期，平忠盛的家臣加藤成家因為獵殺禽鳥，而違反了白河院的「殺生禁斷」命令。接受訊問時，他辯稱：主人平忠盛要求他必須每天將新鮮的鳥送給祇園女御，「若闕怠者可處重科（重罰）」。當時無論犯下什麼罪，都不會被朝廷處死，但他表示依照「源氏平氏之習（習慣）」，重科乃「被切頸候也（斬首）」，令白河院為之愕然[26]。

武士長久以來皆遵循該群體特有的「違逆者須處以死刑」習慣，而「將已投降的叛賊處刑」這種絕不可能源自日本貴族的想法，想必正是武士帶來的。在短短幾年前，源義朝就和自己的父親源為義，以及站在父親那一邊的弟弟們產生激烈的衝突，還打算殺死兩名親弟弟，最後也真的殺死了其中一人。因此，源義朝很可能是為了藉此與源為義等人做個了結，才堅決主張死刑，而平氏也沿用了相同的做法。

如此一來，武士群體裡的那種殘虐的習慣，就這樣被引進了朝廷和京都。過去一直都是由武士配合京都與國家的型態，但經過這場亂事之後，京都與國家便轉而開始配合武士獨特的思維及行為模式，慢慢產生改變。所謂「武者之世」的到來，就是這個意思。

後白河與二條對立，信西一家掌握朝廷，藤原信賴登場

為了在權力鬥爭中獲勝，就算發動「破壞國都的戰爭」也無所謂——一旦起了頭，情況很快就會失控。既然破壞國都也無妨，於是源義朝便為了一己之私，在國都發起戰爭。歷史上鮮少有像他發起的這場平治之亂一般難以掌握的戰亂，因為有關此紛亂的史料少之又少。最近有學者重新仔細檢視過去的研究，證明了平治之亂的根據實在過於薄弱，簡直可說是單純出自臆測的傳承[27]。儘管這場亂事的真相仍在五里霧中，但畢竟它是日後改造京都的平家全盛期的起點，我們有必要大略掌握其輪廓。

保元之亂的兩年後，也就是保元三年（一一五八）八月，後白河天皇按照原訂計畫讓位，由二條天皇繼承皇位。在原本的計畫裡，應該是由二條天皇的祖父鳥羽院實施院政，然而鳥羽院意外過世，計畫只好重擬。後白河天皇身為二條天皇的父親，在位親政時又頗有成績，因此希望自己可以實施院政。然而後白河天皇只不過是在二條天皇即位之前扮演中繼角色的天皇，並非鳥羽院真正的接班人，依照計畫，鳥羽天皇本應直接讓位給二條天皇，中間根本不會經過後白河天皇，因此二條天皇也希望自己

可以實施親政。後白河天皇與二條天皇的對立成為導火線，從此朝臣也分裂為後白河院政派與二條親政派，彼此對立。

在這段過程中，朝廷政務的主導權逐漸落入信西的手中。關白藤原忠通為了請求赦免父親藤原忠實、阻止藤原忠實所擁有的攝關家領地遭沒收，便已焦頭爛額，沒有餘力主導政務，因此處於信西的下風。

信西以天皇之乳母夫的身分主導國政，發揮他過人的學識，制定、施行各種政策，是一種全新類型的政治家。他的學識以儒學為基礎，也鑽研算術與音樂，擅長綜合判斷、理性思考。他認真地打算復興被院政捨棄的大內裡，獨力執行企劃，最後真的在二條天皇即位前重建[28]。

信西的長子藤原俊憲也晉升為參議，參與太政官的決策，在此之前則是權左中弁，擔任文書行政的中樞。信西的次子藤原貞憲也官拜權右中弁，在僅有七個名額的弁官當中，他們兄弟就占了兩人。藤原俊憲兄弟「才智、文章誠過人，循延久之例興記錄所」，亦即政治方面的才華與文學造詣（以儒學為基礎之漢詩、漢文才華）皆卓越超群，更仿效後三條天皇設置「記錄所」，實施「莊園整理[29]」，可說遺傳了父親的長才，因此信西透過他們主導政務。後白河天皇對他們信任有加，保元之亂後，被描述為「因信西入道而取天下」、「天下之執權」的信西政權便已確立。

對信西抱有「嫉妒心」的，是一名叫做藤原信賴的青年。藤原信賴的祖父與父親，是白河、鳥羽院政的近臣，曾連任受領，坐享榮華富貴的藤原基隆、藤原忠隆父子。後白河天皇與藤原信賴斷袖分桃，對他極其寵溺，拔擢他至中納言、右衛門督。藤原信賴的地位，與信西一家的勢力形成衝突。

當時，源義朝希望信西之子藤原是憲成為自己的女婿，卻被信西以「吾兒為學生（儒學家），不能成為你的女婿」為由拒絕；然而，信西卻答應平清盛讓另一個兒子藤原成範成為他的女婿。據說此事讓源義朝感到受辱，因而對信西懷恨在心。《愚管抄》也提到，聰明如信西，為什麼會犯下這種「不察」，實在令人費解。

他為什麼拒絕了源義朝，卻答應了平清盛呢？其實這兩樁親事的女婿與岳父，都是造成差異的原因。首先，信西明白表示源義朝中意的女婿藤原是憲是學者，但他並沒有把平清盛中意的女婿藤原成範培養成學者的打算，光是這個條件就不同了。不同於兄長們與藤原是憲，藤原成範的母親是後白河的乳母紀伊二位[30]，信西是因為身為她‧‧‧的丈夫才有機會掌握權勢，而她的兒子藤原成範是天皇的乳母子[31]，也是他最親近的心腹，此外，相較於身為儒學家或事務官僚的兄長們，藤原成範走的是近衛少將、中將這條貴族路線[32]。他應該會是藤原家的繼承人吧。

另一方面，平清盛與源義朝又有哪裡不同呢？唯一能想到的就是血統。源義朝只是單純的武士，然而當時人們深信平清盛真的是白河院的私生子。若非如此，他不可能在短短幾年內就坐上太政大臣的位置。他那不合常理的升官過程，始於他當上太政大臣七年前的永曆元年（一一六〇）；那一年的六月他晉升為「正三位」，八月晉升為參議。當時約莫是平治之亂結束後六～八個月，前者是因為在平治之亂中有功而獲得的「六波羅行幸賞」[33]，然而，後者以及接下來的權中納言、權大納言、內大臣、太政大臣等晉升，則與戰功毫無關聯。換言之，平清盛的平步青雲正是從這個時期開始，且與平治之亂無關。信西很可能早在亂事爆發之前，便已察覺平清盛即將飛黃騰達的徵兆，因此特地與他打好關係，以利未來準備繼承藤原家的藤原成範能受到平清盛莫大權力的庇護。

無論如何，平治之亂確實是以消滅信西一家為目的的政變。當時源義朝對自己與藤原信賴結盟一事感到後悔不已，懊惱自己竟與全日本最愚昧的人聯手，結果引發了這麼嚴重的事件[34]。他們聯手舉兵的原因，似乎只是出自對信西的恨意，並未經過深思熟慮。

前所未聞的火攻院御所與綁架事件

源義朝陣營的計畫，是襲擊信西與兒子常駐的後白河院御所「三條殿」，殺害父子二人。趁著礙事的平清盛前往紀伊的熊野三山參拜，源義朝在平治元年（一一五九）十二月九日的夜晚包圍御所並縱火。此舉可說與保元之亂有異曲同工之妙。

然而，為了殺害政敵而火攻院御所並不合理，若非對後白河院抱有敵意，絕對不會這麼做，因此他們極有可能將信西的權力來源——後白河院本身視為敵人。不過，由於深受後白河院寵愛而獲得地位的藤原信賴為何也贊成這場襲擊，至今仍是一團謎。也許他認為假如政變成功，就不需要仰賴後白河院了，但這也相當不自然，因此我們不能排除火攻院御所乃源義朝獨斷獨行的可能性。負責內應的源師仲在院御所綁架了後白河院與其姊上西門院，用馬車將他們載至大內裡的一隅軟禁。

源義朝之所以如此膽大妄為地襲擊後白河院，應該是因為他相信二條親政派會站在他那一邊。二條親政是鳥羽院提出的正式皇位繼承計畫，大多數的朝臣都支持，因此源義朝可能認為，既然他們一致贊成後白河院退位，大多數的輿論應該也會支持政變吧。然而，事實上火攻院御所毫無正當性，沒有任何人樂見此事發生。藤原信賴與源義朝連這麼簡單的事情都沒有發現，顯然與民心背道而馳。

而且，源義朝陣營竟然讓最關鍵的信西父子逃走，使這場火攻僅留下「源義朝陣營襲擊了院御所」的事實。信西在與幾名隨從逃往大和的途中，體認難以躲過追兵，於是命隨從挖掘地洞讓他躲藏其中，但最後仍選擇自戕。源光保找到他之後，砍下了他的首級。

襲擊行動的八天後，也就是十二月十七日，信西的首級在鴨川河岸移交檢非違使，「渡大路，懸西獄門前樹」[35]。也就是說，將敵人的首級高掛在獄門示眾，向民眾宣示勝利的一方（永遠）是朝廷的政治秀，在睽違多時後再次上演。不過，這次高掛於獄門的並非朝廷敵人的首級，顯見獄門已經變成了宣布政治鬥爭結果的告示板，而不再是朝廷展現正義的地方。另外還有一個小細節：信西是剃度的出家人，並沒有頭髮，因此不免令人好奇，當時朝廷是怎麼將他的首級掛在樹上的呢？

藤原信賴同時也將二條天皇軟禁在大內（原本的內裡，位於大內裡之中），擅自舉行「除目」（朝廷任命大臣以外諸官職的儀式），將信西一派解任，同時將源義朝的官等升至「四位」，並任命他為播磨守。日後開啟鎌倉幕府的源賴朝（源義朝的三子）年僅十三歲就被任命為右兵衛權佐，也是這場非法「除目」的結果。

平清盛的逆轉與京城中的「劇場型戰爭」

平清盛在前往熊野參拜的途中得知叛亂發生，在紀伊當地的武士湯淺宗重及熊野別當湛快的協助下，緊急集結軍力，在十二月十七日返回京城。此時，京城裡真正的二條親政派已開始策劃二條天皇的救援行動，主導行動的是二條天皇的伯父，也就是權大納言——大炊御門（藤原）經宗，以及鳥羽院的心腹，受鳥羽院之託照顧二條天皇的檢非違使別當——葉室（藤原）惟方。

他們聯絡平清盛，確認雙方的合作關係，並決定在二十五日展開行動。計畫的內容是：由平清盛先在二條大宮附近放火，引開注意，再趁機利用偽裝成女房（女官）用車的車子載天皇逃脫。為了達成目的，他們也不惜採取非常手段，使京都成為戰爭下的犧牲品。

平清盛簽署了表示向對方稱臣的「名簿」（寫有自己本名的文件）交給藤原信賴，降低他的戒心，因為只要平清盛站在自己這一方，就沒有人能阻止政變了。就在藤原信賴為此欣喜不已而疏於防備的時候，平清盛與天皇的近臣順利救出二條天皇，將他送至平清盛在六波羅的家中。

軟禁後白河院與上西門院的地方戒備並不森嚴，葉室惟方趁著黑夜將他們救出，送往六波羅。除此之外，美福門院、前關白藤原忠通，以及他當時十七歲的兒子關白近衛（藤原）基實，也來到了六波羅。確保了天皇、後白河院以及美福門院的人身安全之後，平清盛陣營便獲得充分的正當性可代表朝廷，成為官軍，而藤原信賴、源義朝則失去擁立君主的可能性，被認定為逆賊。

平清盛做好了萬全的準備，信心滿滿地展開攻擊。他從六波羅出兵攻打據守大內的源義朝，卻被源義朝軍隊打回六波羅，因此不同於保元之亂的白河北殿，這次是平安京內首度成為真正的戰場，也是大內裡有史以來第一次成為戰場。叛軍將大內裡東面的四個門當中最北端的上東門關閉，南側的陽明門由源光保率兵鎮守、陽明門南側的待賢門由藤原信賴率兵鎮守，而源義朝則率兵鎮守待賢門南側的郁芳門。平清盛派長子平重盛與弟弟平賴盛率領先發隊進攻，平重盛打敗藤原信賴軍，攻破待賢門，戰火一度蔓延至大內裡。後來源義朝之子源義平率兵擋住了攻勢，平重盛的馬中箭，撤退至堀川小路。

「堀河（堀川）」正如字面所示，是人工挖掘的河川（運河），人們利用它將木材運送至京城，可謂京城物流的動脈。沿著河送進京城的木材在一旁堆積如山，而平重盛就站在這些木材上，以弓為杖，乘上另一匹馬，據說當時他的動作看起來威風凜凜[36]。京城居民目睹了這場戰爭，交戰的狀況與士兵的一舉一動都備受矚目，成為群眾討論的話題。在平治之亂中，戰爭本身成了一場秀，可謂史上第一場「劇場型戰爭」。

其中，尤以平清盛的表現格外搶眼。據說在源義朝率軍逼近六波羅時，他身著黑色盔甲、騎乘黑色馬匹，以一身漆黑之姿，率領數十名武士悠然現身，那從容的態度博得官軍的信賴，穩定了軍心。

一說認為，平氏軍撤退至六波羅，其實是為了避免在大內裡展開戰鬥，同時引出源義朝軍隊的計謀[37]。源義朝軍隊在平氏的大本營遭到猛攻而大敗，藤原信賴、源義平在逃亡時被逮捕並遭處死，源義朝雖逃至尾張，但最後也難逃一死。源義朝的首級也被送回京城，在隔年，也就是平治二年正月九日，「懸東獄門前樹」[38]。朝廷再度利用獄門這個媒介將戰敗者公諸於世，宣告「誰是壞人」。

「落首」的出現——進化為雙向平台的獄門

有趣的是，獄門這個傳播資訊的媒介，竟因為平治之亂進化了。根據《愚管抄》的記載，有人在高掛於獄門前的源義朝首級旁，寫下了「落首」（諷刺詩）。

SHIMOTSUKEWA　KINOKAMINIKOSO　NARINIKERE
（下野今於木之上）
YOSHITOMOMIENU　KAKETSUKASAKANA
（未見兼官豈善哉）

「SHIMOTSUKE」是「下野」，指之前擔任下野守的源義朝。「KINOKAMI」是「木之上」和「紀伊守」的雙關語，「YOSHITOMO」是「義朝」和「良善」的雙關語。《平治物語》裡也記載了同一首詩，但書中卻將最後的「KAKETSUKASA」寫成「AGETSUKASA」。由於片假平的「カ（KA）」與「ア（A）」字形相近，因此其中之一應為誤植。《平治物語》的註釋書認為「AGETSUKASA」才正確，並解釋為「升官」之意[39]，但此說法應該有誤。由於首級是掛（日語發音為KAKERU）在獄門前的樹上，因此「KAKETSUKASA」的發音才能構成雙關；此外，意為「兼任官職」的「KAKETSUKASA」一詞被廣泛使用，但「AGETSUKASA」卻找不到其他例子。更重要的是，從下野守變成紀伊守，根本稱不上升遷，由此可知誤植的應該是「AGETSUKASA」。綜合以上論點，這首詩的大意是：「下野守源義朝成為了樹上的首級。若他曾兼任紀伊守還說得過去，但如今這實在稱不上好結果」。

此「落首」廣受好評，人們大讚從未見過像它一般毫無贅字的「落首」[40]。儘管作者不明，但謠傳可能是左大臣藤原伊通。在近衛天皇時代，藤原呈子以關白藤原忠通養女的名義「入內」，而藤原伊通正是藤原呈子的生父。藤原伊通藉由與藤原忠通及美福門院聯手，獲得權勢地位，成為二條天皇的近臣；他直言正諫，又富有機智與才氣，曾進獻二條天皇一本政治要領指南書《大槐秘抄》，倍受賞識。一般認為，這首詩的內容及精妙的雙關，與他的個性、才華、立場（二條親政派）皆相符。

增加了「落首」的功能之後，獄門進化為一種讓輿論也能針對政權給予回饋的雙向平台，再也不是政權（勝利者）單方面宣揚威信的工具，就好比在政府的官方推特上新增了匿名留言的功能一般。民眾看見這些一來一往的應答後，又會繼續評論，漸漸形成輿論。透過這樣的形式，獄門成為了一種大眾媒體。

第六章　六波羅與法住寺殿的大規模開發

——後白河院與平家的合作與京都的擴張

以超越攝關家的速度扶搖直上的平清盛

平治之亂不單單只是平家全盛期的起點。從本書所關心的角度來看，更重要的是：經過這場亂事之後，由平家與後白河院政聯合執政的體制，打造了兩個新都市地區，擴大了京都的範圍。具體而言，就是平家的六波羅急速擴大並趨於成熟，而後白河院的法住寺殿，不但是新的御所，更是一座城鎮。換言之，六波羅與法住寺殿，正是將平清盛與後白河院的聯合執政體制加以具象化之後的產物。

源義朝一族滅亡後，武士的巨頭就只剩下平清盛。然而居於武士的領導地位與成為朝廷的掌權者，是截然不同的兩回事（證據就是之後的源賴朝雖然站上了武士的頂點，卻沒有成為朝廷的掌權者）。儘管如此，平清盛仍平步青雲，非常迅速地攀上朝廷掌權者的地位。平清盛的一生，恰如與他生於同時代的九條兼實（藤原忠通之子）所言：「准三宮入道前太政大臣平清盛（法名靜海）者，生累葉武士之家，勇名被世，平治亂逆以後，天下之權，偏在彼私門（平清盛生於代代武士之家，威名舉世皆知，平治之亂後，天下的權力握在他一人之手）」[1]。平清盛的飛黃騰達，或許和

「白河法皇私生子說」有關。這個論點在第三章也曾提及，而現在我想站在「京都隨著武者之世趨於成熟」的觀點，進一步探討。

「武者之世」的第一階段，以「平家進入全盛期」的形式完成。這為京都帶來了什麼呢？為了理解這一點，我們先簡單整理一下平清盛成為朝廷掌權者的經過。

平治之亂結束後的永曆元年（一一六〇），一位名叫日向通良（俗稱太郎）的武士在九州作亂。維護九州的治安是大宰府的工作，但名義上的首長大宰帥是親王的名譽職，而實際的首長大宰權帥也是上級貴族的名譽職，因此實際上的掌權者是首席次官大宰大貳；而當時九州的大宰大貳正是平清盛。平清盛接到鎮壓日向通良的命令後，便派遣家臣前往處理，順利完成任務後，將日向通良及隨從等七人的首級送至京城，向後白河院及民眾展示[2]。

平清盛在平治之亂中解救了朝廷的危機，再加上這次的功績，確實值得大大論功封賞，因此在一個月後的六月下旬，他便從「正四位下」晉升至「正三位」。這其實是一件大事。

平家本來就不是公卿世家，此外，一般人的官位通常是一級一級慢慢攀升，像這種跳級晉升的狀況，稱為「越階」或「直敘」；而平清盛一次跳了三級。同一天，攝關家的九條兼實（藤原忠通的庶子）也自「從三位」晉升至「正三位」，兩者相較之下，可知平清盛的「越階」顯然是特例。就連攝關家的當家之主，也從來沒有人能跳過「從三位」，直接晉升至「正三位」。

我在好奇心的驅使之下查了一些文獻資料，發現一件有趣的事實。原來在此之前，歷史上從來沒有人跳過「從三位」，而「直敘」為「正三位」，甚至連皇子等皇族或被賜姓源氏的第一代也不例外，因此平清盛的「正三位直敘」，可說是一起史無前例的大事。

據說平清盛獲得晉升的具體原因是「六波羅行幸之賞」，亦即在平治之亂時，從逆賊手中救出二條天皇的功績。過去在平將門之亂時，藤原秀鄉曾經從「六位」晉升至「從四位下」，也就是一口氣「越階」了四個等級；或許是因為朝廷將平清盛的功績與藤原秀鄉的功績視為同等，才會出現這種有違常例的「越階」吧。

平清盛的高升是白河院政的總結——私生子說與證據

而這個「正三位直敘」的特例，其實只是開端，甚至可以說從這一天開始，平清盛的晉升便開始加速。經過不到兩個月，在永曆元年八月十一日，平清盛就成為了參議。參議是朝廷最高等級會議「陣定」（議政官會議）的成員，以平清盛的家世，同樣本應無法任職，此外，這次升官與上次升官的間隔太短，也是異常的現象之一。而且，平清盛當時在安藝的嚴島神社參拜，並不在京都，因此這簡直就像朝廷為他準備的驚喜。此外，紀錄上也沒有記載將他擢升參議的原因。儘管每個環節都相當不合常理，但綜觀整件事，我們也只能將晉升「正三位」與參議視為一體，而這些全是為了獎賞他在平治之亂等一連串事件中立下的功績。

之後僅僅過了半個月，九月二日，平清盛又兼任了右衛門督。三個多月後的十二月二十四日，平清盛之妻平時子獲得直敘「從三位」。文獻記載這是「臨時」的獎賞，確切的晉升原因則不明[3]。不過從這個時期開始，她的妹妹平滋子（建春門院）開始受到後白河院的寵愛，兩者不可能毫無關聯。隔年，也就是應保元年（一一六一），任職右衛門督四個月的平清盛，又在正月二十三日成為檢非違使的別當。八個月後的九月十三日，他再次晉升，成為權中納言；一年後的應保二年八月二十日，再從「正三位」晉升至「從二位」。在這二～三年間，平清盛升官的速度實在不尋常。與其說每次晉升都有理由，更像是為了達到將平清盛拱上頂點的目標，而一步一步往前推進。

之後的四年裡，平清盛不再升遷，維持「從二位」權中納言的地位。不過在長寬元年（一一六三），其長子平重盛升上「從三位」，成為公卿，隔年升上「正三位」，再隔年，也就是永萬元年（一一六五）便成為了參議。平重盛升上「正三位」，顯然是針對其父平清盛建造了蓮華王院（現在的三十三間堂），並在慶祝落成的供養法會上恭迎後白河院一事的獎賞。這段期間，平清盛或許是意圖優先讓自己的下一代也升遷，以建立代代皆任職公卿的「家族傳統」吧。

永萬元年八月，平清盛晉升為權大納言，升遷之路就此重啟，並隨即加速。隔年的仁安元年（一一六六）六月，平清盛升上「正二位」，七月，長子平重盛從參議晉升為權中納言；十一月，平清盛晉升為內大臣，平氏一族終於出現了大臣。三個月後，也就是隔年的仁安二年二月，平清盛跳過右大臣、左大臣，直接成為太政大臣，轉眼間攀升至頂點。太政大臣是一個代表「非比尋常、應受尊敬之人」的榮耀地位，包括攝關家等名門出身的每個朝臣都在排隊等待這個名譽職，因此平清盛也不能長期占著這個位子。況且太政大臣並沒有實權，其實只要留下曾到達此地位的事實便足夠。平清盛僅任職三個月就辭去太政大臣，隔年的仁安三年以生病為由出家。

然而，為什麼平清盛有必要坐上這個名譽職的位置呢？

古代的官位，無論當事人有多大的功績、如何倍受寵愛，或是與掌權者具有姻親關係，原則上仍以血統決定。既然平清盛能以超越攝關家的速度扶搖直上，就表示掌權者認為他的血統比攝關家更尊貴，也就是相信他是白河院的私生子。平清盛在仁安二年二月當上太政大臣，而就在不久前的正月底，平重盛從「正三位」升至「從二位」，而平重盛的弟弟平宗盛則在仁安二年八月升上參議，十二月升上「從三位」，成為平清盛第二個擔任公卿的兒子。平清盛的下一代如此輕易就當上公卿，之後更比一般貴族還要快速地升官，此事實也是「白河法皇私生子說」在當時受到採信的佐證。

平宗盛當上參議的隔年，亦即仁安三年，平清盛的弟弟平教盛、平賴盛也相繼升上參議。一般而言，一個氏族中如果有人飛黃騰達，通常是當事人的弟弟先陸續升遷，接著才會輪到下一代，然而平家的順序卻恰恰相反。這也能證明人們相信平清盛及他的下一代，身上流的是不同於平清盛弟弟們的尊貴血統。

此外，在此之前，歷史上跳過右大臣、左大臣而直接當上太政大臣的人，只有三位，也就是第一任太政大臣大友皇子、第二任太政大臣高市皇子，以及第四任太政大臣道鏡。其中道鏡不但是叛賊，又是以僧人身分擔任「太政大臣禪師」，因此屬於特例，不能相提並論。如此一來，在平清盛之前的例子只剩下大友皇子（天智天皇之子）與高市皇子（天武天皇之子）。他們兩人的父親都是天皇，假如平清盛是依循他們的先例，就代表他也是以天皇（白河）之子的身分晉升太政大臣的。

由於平清盛的迅速升遷始於平治之亂後，表示當時的輿論應該也一致認為必須讓平清盛享有身為白河院之子的禮遇。這可謂白河院政最後的總結。

透過婚姻融合的平家與天皇家——平滋子、平時子、平德子

平清盛成為權中納言的十天前，也就是應保元年（一一六一）九月三日，其妻平時子的妹妹——平滋子生下了後白河院的皇子憲仁親王，十二天後，平滋子之兄平時忠與平清盛之弟平教盛遭到免職。因為他們策劃立憲仁親王為太子，觸怒了二條天皇。當時二條天皇還沒有子嗣，直到三年後的長寬二年（一一六四）才生下男丁順仁親王，接著在隔年的永萬元年六月，便將皇位讓給年僅兩歲（若以足歲計算，則連一歲都不到，僅是七個月的嬰兒）的他，使他繼位成為六條天皇。由於當時二條上皇抱病在身，認為自己來日不多，為了避免皇位被憲仁親王奪走，才讓位給兒子。二條上皇在一個月後的七月病歿，得年二十三歲，二條親政派瞬間失去了核心。

後白河院確立院政後，在隔年的仁安元年（一一六六）十月，將憲仁親王冊立為皇太子；不過在六條天皇讓出皇位之前，仍不能掉以輕心。倘若六條天皇順利長大，生下皇子，舊二條親政派的勢力便可能東山再起。只要憲仁親王還沒繼承皇位，後白河院政就稱不上穩固，因此他必須拉攏擁有最強的武力、發言最有分量的平清盛。

期間，發生了一起讓後白河院捏一把冷汗的事——仁安三年二月，平清盛病倒，並且出家了。當時後白河正在紀伊的熊野社參拜，他得知此消息後，便立刻折返京都，親自前往六波羅探望平清盛。倘若平清盛現在死了，便完全無法預料皇位會落入誰之手，於是後白河院決心趁著平清盛還在世時，設法讓憲仁親王坐上天皇的寶座。後白河院在同月強迫六條天皇退位，讓憲仁繼位，成為高倉天皇，而他也只是個年僅八歲的孩子。令人惋惜的是，五歲便被迫退位的六條上皇，在八年後，也就是十三歲時便過世了。之後平清盛順利康復，解決皇位繼承問題之後，後白河院也放下心中的大石，在隔年仁安四年出家。平清盛在同年春天離開六波羅，隱居於攝津的福原（現在的兵庫縣神戶市）。

高倉天皇之母平滋子的姊姊平時子，在久壽二年（一一五五）生下了她與平清盛的次女平德子。後白河院與平清盛達成了一個共識：既然高倉天皇已經順利繼承皇位，確定實施後白河院政體制，若將平德子許配給高倉天皇，讓天皇家與平家結為一體，便能使政權更加穩固。承安元年（一一七一）十二月，平德子成為後白河的養女後，進入高倉天皇的後宮，成為女御，隔年又成為中宮。平德子在「入內」七年後的治承二年（一一七八）十一月生下言仁親王，隔月言仁親王便被冊立為皇太子；二年後的治承四年二月，高倉天皇讓位，言仁親王年僅三歲便成為安德天皇。如此一來，平清盛便成為了天皇的外祖父，也就是外戚，達到他所能期盼的最高地位。

隨著平家繁盛而大規模擴張的六波羅

平家的發展與京都的發展關係緊密。平正盛獲得鴨川以東的土地，並在該處建立六波羅堂後，那一帶的開發便緊鑼密鼓地展開。平氏的繁榮，孕育出了「六波羅」這片都市地帶，並在短時間內使其成長為一個熱鬧繁華的區域。

根據延慶本《平家物語》[4]的記載，六波羅位於六條大路末、鴨川以東一町處，在平忠盛時代已是「方一町」（約一二〇公尺見方）的住宅區。在平正盛時代以前，該區還是農田及葬送之地（鳥邊野），因此光是形成這樣的住宅區，就已經是非常大幅的都市化。

到了平清盛掌權後，六波羅便一口氣擴大。根據《平家物語》，平忠盛在保元之亂的三年前，也就是仁平三年（一一五三）過世，享年五十八歲，於是六波羅便由平清盛繼承。據說平清盛繼承後，他的宅邸就擴大為二町見方（約二四〇公尺見方），建築物超過一七〇棟以上，而在周圍二十町以上的都市區域中，共有三二〇〇戶（一說為五二〇〇戶）人家，住著平清盛一族及其郎等。儘管此數字略嫌誇大，但我們不得不承認這是一件不尋常的大型開發案。

作為核心的平清盛宅邸，人稱「六波羅泉殿」[5]。所謂的四町，面積相當於曾作為白河院御所的白河北殿、白河南殿；包括內裡在內，沒有任何宅邸的大小能與之匹敵。以泉殿為中心，惣門（整個區域的大門）旁是平清盛之弟平教盛的宅邸「門脇殿」，而另一個弟弟平賴盛的宅邸，則因為庭園裡的池塘聞名遐邇，而被稱為「池殿」。六波羅地區的北方是倉町（倉庫街），東南隅則是平清盛長子平重盛的「小松殿」。

平安京的中心地區，也就是左京北部的開發，已經近乎百分之百。想要進行足以代表中世權力的大規模開發，也就是建造超乎常理的四町見方巨大豪宅，以及以其為中心向外延伸的數十町新市鎮，無論如何都需要位於郊外的大面積空地。院政與平清盛的登場，不但促進了京都郊外的大規模開發，更是中世「京都」不可或缺的基本要素。

平清盛所支持的後白河院政與新御所法住寺

在平清盛剛開始嶄露頭角的時候，他並沒有涉入後白河院政派與二條親政派的對立，而是表現得讓雙方都能信賴，宛如朝廷的基石。然而《愚管抄》裡提到，包括平清盛在內的大多數人，心底其實都不贊成由兒子親政，換言之，平清盛內心也是後白河院政派。最明顯的證據，就是平治之亂結束後，二條親政派的急先鋒——大炊御門經宗及葉室惟方與後白河院對立時，奉後白河院之命逮捕他們的正是平清盛。

二條天皇在世時，讓平清盛升至權中納言的是後白河院，當然，二條天皇死後，平清盛能當上內大臣、太政大臣，也是後白河院的意思。在兼具武力與人望的平清盛支持下，後白河院確立了院政，而在後白河院的推輓下，平清盛攀上了朝臣的頂點。換言之，這兩個利害關係完全一致的人，在互助合作下，建立屬於他們的權勢地位。

因此，平清盛的掌權不僅促進了平家六波羅的發展，同時也促進了後白河院政根據地的發展。

後白河院在左京北部的高松殿踐祚（繼承皇位）後，便一直住在該處，直到讓位給二條天皇。然而高松殿在平治元年（一一五九）七月改建後，隔月就不幸燒毀[6]。後白河院的下一個御所是三條殿（三條烏丸殿），位於三條以北，烏丸以東（現在的地下鐵烏丸線烏丸御池站最南端的出口附近）[7]，過去是崇德天皇的御所，白河法皇晚年也曾在此居住[8]（上述御所的位置請參照圖8）。重要的是，那幢宅邸原本的主人藤原基隆，是藤原信賴的祖父。後白河院選擇住在三條殿，應該可以視為他與藤原信賴感情深厚的證據。依據這一點，我們也可以合理懷疑：在平治之亂時襲擊三條殿並將其燒毀，應是源義朝的獨斷獨行。

後白河院在平治之亂中再次失去住所，不過他的下一個御所已有著落——那就是後白河院在位時，於久壽三年（一一五六）正月，因為「方違」（陰陽道中，為了避開不吉方位而刻意繞道的習慣）而留宿二天的佛堂。這間佛堂位於鴨川東岸，堂的西門在八條坊門小路的盡頭，人們稱之為「法住寺入道中納言東堂」[9]。「法住寺入道中納言」指的是藤原清隆[10]。他的父親藤原隆時是白河院的近臣，他藉著這層關係連任受領，累積了許多財富，後來成為鳥羽院的乳母夫，官拜權中納言，晚年出家後，建立此佛堂。此佛堂人稱「東山私堂」，久安五年（一一四九），他又在此建造一座模仿「九重塔婆」（白河天皇在法勝寺建造的九重塔，高八十一公尺）的佛塔，並被視為根據近衛天皇之發願所建[11]。此「佛堂」乃一處規模遠遠凌駕於一般寺院的設施，作為上皇的住所可說無可挑剔。

後白河院在東山安息之地建造的新御所——「法住寺殿」

其實當時並沒有名為「法住寺」的寺院。法住寺是永延二年（九八八），右大臣藤原為光（藤原師輔之子）在七條大路末建造的寺院，據說他的女兒藤原忯子是深受花山天皇寵愛的女御，因難產而不幸身亡後，藤原為光便為她打造了這座寺院。這座法住寺雖在長元五年（一〇三二）慘遭祝融而全毀，但可能是因為當地的開發始於法住寺的興建，因此民眾習慣稱呼該「地區」為「法住寺」。

讓後白河院決定在法住寺建造御所的關鍵，可能並不是「法住寺」這間寺院，也不是他與藤原為光或藤原清隆的關係，而是因為紀伊二位的佛堂位在該處的緣故。

紀伊二位本名藤原朝子，她是信西之妻、後白河院的乳母，也就是養育後白河院長大，最受他信賴的女性。藤原朝子的父親藤原兼永曾任紀伊守，因此當她本人晉升至「三位」後，人們便稱她為「紀伊三位」；晉升至「二位」後，便有了「紀伊二位」的稱號。她的父親沒沒無聞，但她的祖父藤原俊範的母親是平直方的女兒[12]。平直方是一名武士，在平忠常之亂時曾被任命為追討使，但沒有達成任務，最後是由源賴信、源賴義父子完成追討。平直方對兩人景仰不已，於是將女兒嫁給源賴義，生下源義家，又將自己在相模的領地鎌倉送給源賴義。換言之，紀伊二位的祖父與源義家是表兄弟，藤原俊範、藤原兼永、藤原朝子（紀伊二位）一家三代身上都流著武士的血。藤原兼永之所以能成為當時武士趨之若鶩的左衛門尉，應該也是因為如此[13]。

後白河院讓位給二條天皇的兩個月後，也就是保元三年（一一五八）十月，當時還是「紀伊三位」的她，建造了「一間四面[14]」的小佛堂，將其命名為「清淨光院」，佛堂裡安置一尊「丈六阿彌陀像」（與傳說中佛的身高「一丈六尺」相同的高度，約四・八五公尺。但若為坐像，高度則為一半，也就是八尺，約二・四三公尺），並在落成時進行了供養法會[15]。當時主導佛事的導師是天台座主最雲法親王，而掛在「大門」的「清淨光院」匾額，則是後白河院下令前關白藤原忠通所寫。此為後白河院對乳母恩情的報答。

紀伊二位之所以選擇此地，是因為其夫婿的「少納言入道（信西）本堂」就在「丑寅方（西南方）」[16]。該處原為信西宅邸的一隅，卻在平治之亂中被燒毀[17]，再加上信西本人也自盡了，因此成為一片荒野。後白河院選擇在信西舊宅的遺址興建御所，顯示出後白河院對他永恆不變的信賴；而這片土地又緊鄰著自己最信任的女性所建造的佛堂，想必對後白河院而言，此處正是他的安息之地吧。

法住寺殿與土地的強制徵收——院政的專制與平清盛的協助

於是，後白河院便在法住寺建造了御所，於應保元年（一一六一）四月遷入。此御所在六年後擴建，當時一名朝臣回憶：「件御所應保以後為離宮」[18]。後白河院的院御所「法住寺殿」就此誕生。

法住寺殿位於東山（京都盆地東側的山麓），因此正式名稱為「東山御所」[19]，不過「法住寺殿」的名稱日後更為普及，因此歷史學者也大多採用此名稱。在應保元年四月剛落成時，就有將此御所稱為「法住寺殿」的紀錄[20]，故本書也統一稱之為「法住寺殿」。

法住寺殿雖是由後白河院的近臣——播磨守藤原家明出資營建，但主要建築物是將位於中御門西洞院的藤原信賴舊宅異地重建而成[21]。後白河院原本居住的三條殿也是藤原信賴一家的舊宅，儘管法住寺殿位於信西舊宅遺址，仍可看出後白河院偏好住在過去的寵臣家中，可謂一種獨特的情感表現方式。由此可知，縱使經過平治之亂，後白河院對藤原信賴的感情依然分毫未減，實在難以想像藤原信賴會因為憎恨後白河院而襲擊他。從這一點，也可以推知火攻三條殿應該不是藤原信賴所策劃。希望研究古代、中世歷史的史學家可以依據這些線索，全面重新思考平治之亂的真相。

信西舊宅的遺址雖然是一片無人的荒地，但周圍有許多寺院與住宅，然而法住寺殿的建設範圍涵蓋了這一大片區域，因此他們全都被無情地趕走，其中還包括「帥入道九體堂」。「帥入道」是興建九重塔的藤原清隆，他所建造的「九體堂」（安置九尊阿彌陀如來像的佛堂）當時「忽壞渡（立刻遭到解體並被移走）」[22]。

當時被強制徵收的土地廣達「十餘町」，且「其內堂舍大小八十餘宇被壞棄」[23]。占地如此廣大的法住寺殿，已無法用「宅邸」一詞來形容，此營建工程的規模遠遠超過一般院御所的興建，儼然是一場都市更新。後白河院將這片自然形成的新京都地區（法住寺地區）一口氣納入自己的權力之下，將其改造為權力的重心，並濫用權力趕走原本的居民。據說當時「眾人有怨」[24]，怨聲載道。

後白河院的強勢作為，顯然源自於他高度的自信，他認為自己有辦法鎮壓民眾的反彈；而當時能做到這一點的，除了平清盛之外別無他人。京都的土地行政是京職與檢非違使的工作，但京職早已名存實亡，因此居民想必是在檢非違使的監督下被迫搬遷；而在法住寺殿完成前三個月的應保元年（一一六一）正月就任檢非違使別當的，正是平清盛[25]。這項人事任命的目的，極有可能是為了讓法住寺殿的建設更為順利（尤其是為了順利逼迫居民搬遷）。換言之，法住寺殿其實是後白河院政在平清盛的支持下走上專制之路的象徵。

後白河院政的墓碑——蓮華王院

法住寺殿的核心，是「法住寺千體觀音堂」[26]。《愚管抄》也記載：建造供奉一千尊千手觀音的佛堂，是後白河院多年來的宿願，曾任備前知行國主（一國的實質統治者，擁有受領的任命權）的平清盛將來自備前的稅收投入興建，在長寬二年十二月十七日落成。這間佛堂，就是現在俗稱「三十三間堂」的知名觀光景點——蓮華王院。這就像是過去平忠盛為了白河院而建造的得長壽院，也就是說，後白河院試圖和平清盛一同重現當初白河院與平忠盛的緊密關係。

長寬二年（一一六四）蓮華王院落成時，後白河院希望二條天皇出席落成典禮，然而二條天皇卻表現得一副興致索然。此外，後白河院要求二條天皇擢升建造蓮華王院的平清盛，作為獎賞，卻同樣遭到無視。平清盛的下一次升遷，是在八個月後兼任兵部卿，但時間已經間隔太久，而且兵部卿是名存實亡的名譽職，無法構成獎賞（通常是讓當事人再連任一期受領或升官）。因此，建造蓮華王院的平清盛等於沒有獲得任何獎賞。畢竟院政只是天皇的輔佐，只要天皇本人拒絕，人事案就無法成立。

在某個時期，二條天皇與後白河院彼此尊重，經常與前關白藤原忠實一同討論政務，並願意將決定權交給對方。然而應保元年（一一六一）憲仁親王誕生後，平時忠等人急於將他冊立為皇太子，使二條天皇的態度轉硬，於是展開排除了後白河院的二條親政[27]。蓮華王院的落成，就是在三年之後。

後白河院建議二條天皇獎賞對自己盡心盡力的平清盛，二條天皇卻表示平清盛的付出與他和朝廷無關，否決了這個提議。根據平親範的記錄，後白河院詢問當時居中傳話的平親範結果如何，得到的回覆卻是天皇並沒有答應，後白河院不禁老淚縱橫，悲嘆無法明白二條天皇為什麼如此憎恨自己[28]。兒子對父親恩斷義絕，二條天皇在世時，後白河院政始終無法勝過二條親政；在我看來，蓮華王院就彷彿後白河院政的墓碑一般。

隨著院政權力增加而擴大規模的法住寺殿

永萬元年（一一六五），二條上皇讓位給六條天皇後不久便病逝。隔年的仁安元年，法住寺殿便展開興建工程。當時的文獻記載著「狹少」、「其屋甚少（建築物完全不夠）」、「本御所頗凡卑也（原本的御所不符合院的身分地位）」等不滿[29]。後白河院因為二條天皇死去而獨攬大權，法住寺殿原有建築物的數量和規模已無法襯托他龐大的勢力。

曾任周防、讚岐知行國主的藤原俊盛，從林業發達的周防取得木材，再讓讚岐負擔其他經費，挑起了增建法住寺殿的重責大任[30]。通常負責建造院御所的知行國只有一個，但法住寺殿的規模卻需要動用兩個國家挹注財富。

仁安二年正月，後白河院舉行了「移徙」新法住寺殿的儀式。所謂的「移徙」是告知社會自己轉移陣地的禮儀。當天，後白河院從舊法住寺殿的東門離開，南下至蓮華王院的西側，抵達新法住寺殿的北面，再從西門進入[31]。根據上述記載，可知由北而南依序是「舊法住寺殿↓蓮華王院↓新法住寺殿」。

蓮華王院無論在當時或現在，都面向七條大路末的南側，因此舊法住寺殿的位置應該在七條以北，新法住寺殿的位置則在七條以南較遠處。據說舊法住寺殿落成時，從京城沿著八條坊門末（七條以南二町處，現在的西鹽小路通）往東走，就可以抵達西門[32]。換言之，舊法住寺殿占地極廣，南端可至八條坊門末。不過舊法住寺殿以南則是沒有建築物的空地，因此仁安二年新御所便在此興建。

新建造的法住寺殿位於舊御所的南邊，因此新法住寺殿也稱為「南殿」或「法住寺南殿」[33]，而正式名稱則是「東山御所」[34]。雖然也有人將它稱之為「東山殿」[35]，但一般還是通稱「法住寺殿」。此後，人們提到「法住寺殿」就是指南殿，直到在壽永二年（一一八三）被木曾義仲燒毀，十六年來都是後白河院政的主要據點。《年中行事繪卷》的〈朝覲行幸圖〉寫實地描繪出承安元年（一一七一）高倉天皇的「朝覲行幸」（天皇在新年時造訪父親住所的傳統活動），圖中可以看見法住寺殿的景觀（圖10）。

平治之亂與新日吉社、新熊野社的興建

法住寺殿的開發與過去的鳥羽一樣，是一件為了提供院政所需的一切，而從零打造出整個新都市區域的工程。最明顯的證據，就是新熊野社及新日吉社的興建。

正如字面所示，新熊野社與新日吉社就是「新的熊野神社與日吉神社」。熊野

神社是本宮、新宮、那智三大社的總稱，是最正統的紀伊「修驗道[36]」；日吉神社是比叡山延曆寺的鎮守社，位在京都盆地另一側的近江琵琶湖畔，兩者皆與京都有段距離，不是可以隨時從京都輕鬆前往參拜的地方。後白河院之所以建造新熊野社、新日吉社，將熊野與日吉供奉的主神「勸請（迎請）」來京都，當然是為了方便參拜，然而在眾多神社中挑選這兩間神社，代表他有對這兩間神社特別崇敬的理由。

新熊野社、新日吉社落成的日子，是永曆元年（一一六〇）十月十六日。新日吉社動工於三個月前的七月二十二日[37]，新熊野社的確切動工日期不明，只知道大約是後白河院在應保元年（一一六一）四月搬進法住寺殿的九個月前，因此應該與新日吉社差不多。九個月的時間，與建造院御所等大規模土木工程的平均工期相差無幾。也就是說，法住寺殿、新熊野社與新日吉社很可能是同時開始施工的。由此可知，新熊野社、新日吉社與法住寺殿打從一開始就是一體的，也是這個都市宗教理念的核心。

將原神社的神「勸請」至京城，並命名為「新〇〇社」的例子，在平安時代只有新熊野社與新日吉社。也就是說，這是僅在後白河院開發東山（法住寺地區）時才出現的罕見狀況。當初促使後白河院這麼做的獨特理由，究竟是什麼呢？

聳立於京都東方的比叡山，從平安時代以前就被稱為「近淡海國的日枝山」，人們相信山中住著名為「大山咋神」的神[38]。「比叡山」是延曆寺的山號，「比叡」為假借字，充滿佛教氣息。先設立於比叡山上的，是以大山咋神作為主神的日吉社，但後來日吉社被納入延曆寺，主神也被改為佛的化身「山王權現」，成為延曆寺所供奉的鎮護王城（平安京）之神。因此，後白河院在開發京都的新都市區域時會崇敬日吉社，也是理所當然的。不過，興建新日吉社這件事本身，卻並不自然。

其實在興建新熊野社、新日吉社的五個月前，也就是平治之亂結束後的隔月，永曆元年二月，後白河院召開了一場會議[39]。由於不久後後白河院就必須首度以上皇的身分參拜神佛，這場會議的目的就是討論該前往那一間神社。在前近代，凡事皆依照重要性依序進行，因此這個問題就相當於「後白河院最崇敬哪一間神社」。鎮護國家或京城的大型神社還包括石清水八幡宮、賀茂社等，而後白河院選擇了日吉社，並決定三月前往參拜。此外，會議中也討論了四月前往熊野社參拜的計畫。「日吉社第一、熊野社第二」的順序，明顯對應著新日吉社與新熊野社的興建。

為什麼這兩間神社能獲得後白河院格外的崇敬呢？文獻中有關當時參拜日吉社的

紀錄是這樣的：「上皇始參詣日吉社，御遜位之後始神社御幸也，平治逆亂之時別有御願之故也」[40]。後白河院之所以選擇日吉社，是因為他在平治之亂中遭到襲擊、軟禁時，曾特地向日吉社祈求讓事態出現轉機。當時日吉社能有此特殊待遇，是因為後白河院期待日吉社能發揮鎮護國家的作用，還是出自後白河院的私心，我們不得而知。但無論原因為何，重要的是這場亂事確實順利解決，而且結果對後白河院有利。也就是說，對後白河院而言，平治之亂是一場因為日吉社而獲勝的戰爭。

由此可知，新日吉社、新熊野社的興建，與平治之亂有著密不可分的關聯，而且除此之外還有其他的佐證。若依照時間順序再確認一次這場亂事的尾聲，可以發現：①決戰日期是平治元年十二月二十六日。②論功行賞是在三天後的二十九日。③源義朝的首級示眾是在隔年的永曆元年正月九日。④源義平在二十一日遭到處刑。⑤當時被俘虜的源義平之弟源賴朝、源希義在三月十一日被流放。而後白河院決定前往日吉社、熊野社參拜的日子，則是介於④與⑤之間的二月二十六日。在處理戰後問題的同時決定的這兩場參拜活動，本身就是戰後問題的處理，也就是亂事的一部分。

於是，熊野社能獲得特殊待遇的理由便真相大白。在平治之亂時，平清盛在前往熊野社參拜的途中接到緊急通知，於是立刻折返京都。在平清盛面臨最迫切的危機時，給予他莫大協助的，正是熊野別當湛快，也就是熊野社的領導者。平清盛相信自己之所以能在平治之亂中發動反攻並取得勝利，全都要歸功於熊野社的協助與保佑。最大的證據就是：戰爭結束後，對熊野社展現最誠摯的謝意，亦即負責興建新熊野社的人，正是平清盛[41]。

這樣一來，一切就明朗了。這場發生在京都的叛亂，乃是天皇家史無前例同時最嚴重的危機，連天皇、院都一度遭到軟禁，然而天皇家卻在日吉社與熊野社的保佑之下度過了難關——至少後白河院與平清盛如此深信不疑。在京都興建新的日吉社、熊野社，讓朝廷（後白河院）能更方便經常進行祭祀，可謂空前的待遇，而這正是為了犒賞其特殊功績的特殊回禮。

新日吉社、新熊野社的興建與法住寺殿的興建，其實是一體的。後白河院在這場戰亂中痛失寵臣信西與藤原信賴，如今他將藤原信賴的宅邸異地重建於信西的舊居遺址，打造成院御所，同時興建保佑這場戰爭獲得勝利的兩間神社；換句話說，法住寺殿的都市更新再造，正是平治之亂帶來的最終結果。平治之亂是宣告「武者之世」來臨的第二大事件，因此法住寺殿不僅僅是後白河院的權力重心或京都近郊的新開發工程，同時也是「武者之世」在物理上的具象呈現。

我想再次強調，原本的法住寺殿位於七條大路末以北，也就是現在的京博（京都國立博物館）附近。在今天，從京博或蓮華王院（三十三間堂）往北走一些，便可抵達六波羅蜜寺。換言之，法住寺地區幾乎與早已進行大規模開發的平家根據地——六波羅地區的南側相鄰，可知兩個地區當初乃是彼此配合步調，同時開發的。這片都市區域，可謂具體展現了武士（平家）與院政（後白河院）實質上居於對等地位，真正互助合作、攜手施政的「武者之世」。

第七章

平家主導開發的新都市區域——「八條」

——京都的雛型就此完成

八條院繼承了美福門院一家的「八條殿」

平治之亂後的京都開發工程，其實不只是六波羅與法住寺殿。平家在源平合戰展開之前，還開發了另一個廣大的根據地，那就是位於平安京左京的南部、朱雀大路與八條大路交叉口東北方的豪宅——「西條殿」。平家已經擁有六波羅這個規模龐大的根據地了，為何還需要另一個據點呢？此外，這個據點為什麼不是像以往的鳥羽、白河、六波羅、法住寺殿一樣，在京都近郊開發，而是建造於平安京裡呢？本章將深入探討上述謎團。

京都的開發，始於「京都」誕生的白河院政期；而平家的西八條殿落成，則讓京都擁有了雛型。為了確實掌握這段過程，我們必須先岔開話題，先了解一下另外兩段歷史。

第一，是美福門院一家早在平家之前開發八條的過程，第二，則是西八條地區與平家的淵源。正如名稱所示，平家的西八條殿，位在美福門院一家所開發的八條以西。平家為什麼要選擇這個地區呢？想釐清這一點，我們必須先把時間往前拉，回顧上述兩段歷史的開端。

關鍵其實不是平清盛，而是在於他的妻子——平時子一家與西八條的關係。了解這兩段歷史之後，我們便能明白西八條殿的開發對平家與京都而言，究竟意味著什麼。

美福門院一家與八條的關係，早在白河院政期就已經確立。美福門院的父親藤原長實在這個地區擁有一棟「八條宅」，這間宅邸是他的父親——白河院的近臣藤原顯季留給他的，父子兩人經常在此接待白河院。這間房子在仁平元年（一一五一）十一月失火，當時紀錄上寫到「件家故長實卿家也，美福門院降誕之地也」，可知美福門院在這裡出生[1]。之後又繼承此宅邸。美福門院深受鳥羽院寵愛，她因為兒子近衛天皇即位而成為皇后，因此人們也改以符合皇后地位的「八條殿」、「八條院」等名稱來稱呼她的住所。

之後，八條殿始終是美福門院一家的重要根據地。美福門院家族成員裡最重要的人物，當然是她的養子二條天皇。平治之亂結束後，他便立刻在平清盛的護衛下進入「美福門院的八條亭」（八條殿）。此事格外突顯出以美福門院為頂點而結合的二條天皇、平清盛一派，才是唯一能擔任政府的正統勢力。

然而亂事平息後不到一年，美福門院便在永曆元年（一一六〇）十一月去世，享年四十四歲。她只有近衛天皇一個兒子，而近衛天皇當時也已經離世，因此遺產皆由女兒繼承。其中繼承了最龐大遺產的，就是當時二十四歲的八條院（暲子內親王）。雖然她在保元二年（一一五七），也就是二十一歲時已經出家，不過隔年義弟二條天皇即位後，她便成為二條天皇的「准母」（代替天皇的生母照顧天皇的女性）；在母親死去一年後的應保元年（一一六一），她獲得了「院號（等同上皇的地位）」，從此人稱「八條院」。八條院在永治元年（一一四一）便已獲得父親鳥羽院贈與的十二處領地，再加上美福門院遺留下來的領地，她所擁有的「八條院領」範圍極為廣大，其中也包括了她母親的遺產——八條殿。「八條院」這個院號，正是源自美福門院一家的根據地。

八條殿的位置與「八條院町」的形成

保延七年（一一四一）二月，美福門院陪同鳥羽院前往石清水八幡宮參拜，當時的紀錄中提到他們從「八條東洞院御所」出發，也就是八條殿；久安四年（一一四八）閏六月，鳥羽院進行「逆修善根（在生前祈求自己成佛的佛事）」的地點「八條東洞院第」，也是同一座宅邸。安元三年（一一七七）六月，高倉天皇曾短暫以八條院的御所作為內裡，當時的紀錄中提到「八條東洞院亭（八條院御所也）」，可知八條院確實繼承了美福門院的八條殿（八條東洞院御所）[2]。

如上所述，八條殿位於八條大路與東洞院大路的交叉路口，而另有文獻記載「八條院（八條北、烏丸東，八條院御所）」[3]，因此我們可以確定，八條殿的確切位置為八條大路以北、梅小路以南、烏丸小路以東、東洞院大路以西的一町見方。

這個位置，就在今日JR京都車站的正下方（圖9）。若將新幹線月臺的最東端視為八條殿的東南角，由此往西，東西約長一二〇公尺，而南北則是從0號月臺（草津線、特急雷鳥號等的乘車月臺）到14號月臺（新幹線下行列車的乘車月臺）的距離，恰好是JR京都車站所有的月臺。換句話說，每一位在新幹線的第十六節車廂至第十二節車廂上下車的乘客，其實都不知不覺地立於八條殿之上。

八條院納入了周圍的土地，打造出以八條殿為中心、劃分為十三個區塊的「八條院町」（圖9）。鎌倉時代末期的正和二年（一三一三），天皇家將八條院町捐獻給東寺，當時的紀錄中記載著詳盡的明細[4]。根據這份文獻，八條院御所位在「八條東洞院西一町」，北側為收藏八條院財物的「女院御倉」，占地廣達一町見方；西側為「女院廳（管理女院家政事務的機構）」，同樣占地一町見方。此外，周圍十處不相鄰的區塊，也是屬於八條院的土地。

綜上所述，可知八條院町北至八條坊門小路北側、南至八條大路南側、東至高倉小路東側、西至堀川小路，也就是一片南北將近四町、東西將近八町的廣大都市區域。以現在的角度來看，相當於南起京都車站最南端的新幹線十四號月臺（包括近鐵線），縱跨整個京都車站，北至北口的站前廣場（包括公車轉運站），而東西則是從高倉通到堀川通，範圍之廣，令人咋舌。

八條院之所以能獲得如此廣大的土地，應該是因為在平安時代，住宅集中於左京的四條以北，而地勢低窪、容易積水卻排水不良的八條、九條一帶，則始終被棄置一旁，沒有獲得開發。到了院政期，美福門院、八條院一家掌握了開發權，便開始積極開發（至於當時是以什麼技術克服排水不良的問題，尚不得而知）。

八條院與平家關係匪淺。八條院的乳母是村上源氏的源國房之女，也是侍奉美福門院的女官，而不知是否因為皮膚白皙的關係，她似乎有「白宰相」之稱[5]。她嫁給名為寬雅的僧人，生下一對兒女。兒子是名為俊寬的僧人，在鹿谷事件中遭平清盛逮捕，被流放至南西諸島[6]的鬼界島，在該處度過餘生，他的故事後來被創作為謠曲《俊寬》而聞名；女兒大納言局是八條院的乳母子，同樣侍奉八條院。乳母子是乳母之子，兩人在同一名女性的母乳養育下成長，情同手足，甚至深於手足，具有深厚的信賴關係。

大納言局嫁給平賴盛，生下名為平光盛的兒子。平賴盛是平清盛同父異母的弟弟，與八條院特別親近。因為這層關係，平賴盛在平治之亂後向八條院提出申請，得到了八條院町的一隅，建造了一棟名為「八條室町亭」的宅邸[7]。從名字看來，這座宅邸應該緊鄰八條殿的西側。

不過，平賴盛與平家的西八條殿並沒有直接的關聯，因為平賴盛在平家一族中較為孤立，甚至可說與平清盛對立。既然如此，促使平家打造西八條殿的究竟是什麼呢？

平時子的「八條坊門櫛笥二品亭」與「光明心院」

平家的西八條殿座落於八條院町的西側，相當於現在的京都水族館、京都鐵道博物館（過去的梅小路機關區），中間的梅小路公園也在包含在內。平清盛的宅邸位在其西南角。延慶本《平家物語》[8]中敘述：「平相國禪門（清盛）亦稱八條太政大臣。於八條以北、坊城以西，有亭一町見方之故也……大小棟之數及五十餘」。由此可知，西八條殿位於八條大路以北、坊城小路以西，相當於現在「八條壬生」交叉路口西北的六孫王神社西側。平清盛晚年住在西八條殿，因此人稱「八條太政大臣」，而西八條殿的建築物大小合計超過五十棟。

包括史學專家在內，許多人都認為西八條殿是**平清盛**的宅邸，然而西八條殿的主人其實是他的妻子平時子。倘若忽略了這一點，便無法理解西八條殿真正的意義。

平時子晉升「從二位」，而「二位」的唐名（以漢文表示官位的雅稱）稱為「二品」，因此人們也稱她為「二品」或「二品壺禰（局）」。正因如此，我們才會在文獻中看見平時子的宅邸被記錄為「八條二品亭」。高倉上皇在治承四年（一一八〇）

三月造訪該處時的紀錄中，明載八條二品亭位於「八條坊門南、櫛笥西」[9]，也就是相當於現在梅小路公園最東南端的池塘附近。

隔月，也就是四月起，八條二品亭便成為高倉上皇的御所，皇妃中宮德子也同居於此[10]。五月，以仁王之亂爆發，年幼的安德天皇當時人在大內（原本的內裡，位於大內裡之中），後來被送至平時子八條的住處，於是高倉上皇便搬到東側緊鄰（大宮大路的西側）的宅邸。安德天皇與高倉上皇在八條坊門小路上比鄰而居，隔著櫛笥小路，西側是安德天皇，東側是高倉上皇[11]，可謂當時日本最重要的人物皆聚集於西八條殿（除了在前一年平清盛政變時被軟禁在鳥羽的後白河院）。高倉上皇的住處稱為「東第」[12]，從該處可以立刻作為院御所使用的這一點看來，那裡應是平時子長久以來妥善管理的豪宅。安德天皇居住的「西町」（平時子的八條亭）南側的區塊（八條大路以北、壬生大路以東，現在的六孫王神社東側），有一座由平時子建造的持佛堂（安置佛像的場所），名叫「光明心院」；承安五年（一一七五）三月舉辦的落成慶祝儀式非常盛大，出席者包括後白河院、建春門院、中宮平德子、平盛子（平清盛之女，故攝政近衛藤原基實的側室）等人[13]。

西八條殿原為平時子的宅邸

如上所述，平時子在這片廣達四町的土地上坐擁許多豪宅及持佛堂，但她的丈夫平清盛，直到某個時期之前都不曾住過這些地方。

仁安三年（一一六八），平清盛因重病而出家時，後白河院曾至平清盛在六波羅的家探望他。根據研究，其實平清盛至少在仁安四年的元旦之前，都住在六波羅，而至少在同年三月二十日之前，都隱居於攝津福原的山莊；而他的嫡子平重盛接管六波羅，則是在同年十一月二十五日的事[14]。也就是說，平清盛離開六波羅的時間點，是在仁安四年元旦～三月的三個月之間。

平清盛離開六波羅後，便一直隱居在攝津福原的山莊，直到晚年。根據文獻記載，平清盛在這段期間從未定居於西八條殿，西八條殿始終是平時子的宅邸。有一說認為平清盛打造了西八條殿，卻幾乎沒有住在那裡，而他不在的時候，便由平時子擔任女主人[15]，但這完全是誤解，事實上，所有的證據都指出：西八條殿本來就是為了作為平時子的宅邸而興建的。

平清盛第一次踏進西八條殿，可能是在安元三年（一一七七）六月的鹿谷之變時。平清盛得知叛賊預謀殺害自己，便從福原回到京城，「坐八條亭」，並將主謀西光與藤原成親監禁於此[16]。這裡的「八條亭」就是西八條殿，顯見西八條殿早在平清盛不在時便已完工。西八條殿於何時動工興建，不得而知，但根據文獻記載，上述事件前一年的安元二年十月，其女平德子曾至「八條亭」探望生病的平時子[17]，顯示在這之前，平時子已經住在西八條殿。然而，三年前的承安三年（一一七三）六月，平時子在供養自己的持佛堂時，卻被稱為「六波羅二位」[18]，表示當時她還住在六波羅。換言之，她應該是在這三年之間移居八條亭的。

此外，另一份記錄此供養持佛堂一事的文獻裡，則記載著：「今日六波羅二位八條持佛堂供養也」[19]，意思應該是平時子平常住在六波羅，而在八條設立持佛堂。因此，我們可以將這段時期視為平時子從六波羅移居八條的過渡期，而西八條殿的完成應該也是在這個時候。首先建造佛堂，再以此佛堂為中心向外擴張，開發周邊地區，讓一家人搬遷至此居住——這個模式，與平正盛的六波羅堂逐漸發展為平家的六波羅殿如出一轍。

平時子「八條大宮泉亭」的由來與未解之謎

平時子在搬進持佛堂的北側之前，住在持佛堂的東側的「八條大宮泉亭」。而一般認為可能是平時子所生的平清盛之女——平盛子，也住在同一個地方（八條以北、大宮以西），由此可推測這間宅邸或許是平時子留給她的。治承三年（一一七九）平盛子過世後，平清盛便收回此處，稱之為「泉殿」[20]。

那麼，在平時子之前，住在這裡的又是誰呢？有學者指出，根據西行在保延六年（一一四〇）左右撰寫的和歌集《殘集》中所提及的「忠盛之八條之泉」，這間宅邸以前的主人可能是平時子的公公——平忠盛[21]。

排水不良的八條地區有許多湧泉，也有許多將泉水引進庭院的「水閣（湧泉旁的建築物，亦即「泉亭」）」。藤原長實、美福門院母子的八條殿也被稱為「泉亭」、「八條家之泉」，除此之外還有音樂家源政長的「八條水閣」、鳥羽院的近臣——藤原顯賴的「八條大宮水閣」等等[22]。

另外，也有許多文獻記載後白河院及朝臣經常在「（西）八條泉」納涼，而這似乎是不屬於任何宅邸的湧泉。當時的人們喜歡在這些水閣取泉水淨身納涼，看來八條附近是當時珍貴的避暑聖地[23]。

上述水閣中，藤原顯賴的「八條大宮水閣」與平時子、平盛子的泉亭在同一地點[24]。這間宅邸後來為什麼變成平時子所有呢？其實，藤原顯賴在大治三年（一一二八）將這間宅邸進獻給白河院，作為「八條大宮御所」[25]。然而，白河院僅在該年與隔年的夏天各造訪過一次，便辭世了。久安四年（一一四八），藤原顯賴也在祖父藤原為房的佛堂所在地九條高倉去世，似乎並未將該處收回[26]。由於藤原顯賴與平忠盛之間並沒有可以繼承不動產的親戚或姻親關係，因此我們可以做出以下的推論：鳥羽院從白河院手中繼承了八條大宮泉亭後，在大治四年～保延六年（一一二九～一一四〇）之間賞賜給他的寵臣平忠盛，平忠盛死後由平清盛繼承，而平清盛又將它贈與妻子平時子。

不過，這仍無法構成此泉亭後來發展為西八條殿這個重要據點的理由，因為在平忠盛、平清盛、平重盛這三代之間，平家的主要據點都在以平正盛的佛堂為中心開發的六波羅，在平時子晚年搬遷入住之前，八條泉亭在平家都未受到重視。此外，西八條殿早在成為平家的新根據地之前，便以平時子為中心開始發展，由此可知平時子正是關鍵所在。平時子在安元二年（一一七六）前從六波羅搬至八條（如前述），在持佛堂潛心修佛。問題是，為什麼她會挑選八條這個地方呢？

平知信的八條堂與高棟流平氏的匯聚

這個時代最可信的史料《兵範記》乃是平信範的日記這一點，意義格外重大。平信範與平時子的關係極為密切，他們雖與平清盛同屬桓武平氏，但其實血緣關係非常遠。平清盛所屬之平氏，始於葛原親王之孫高望王獲賜平姓，而平信範、平時子所屬之平氏，則始於高望王的伯父高棟王獲賜平姓。平清盛與平信範、平時子共同的祖先，必須回溯到葛原親王（約十代以前），因此幾乎可說是毫無關聯的遠親。人們將平清盛這一脈血緣稱為高望流，平信範、平時子這一脈血緣稱為高棟流（堂上平氏），加以區別。

據說曾留下「若非平家一門則非人」[27]這句豪語，堪稱平家一門中最狂妄自大的代表——平時忠，正是屬於高棟流一脈，也是平時子的兄弟。而他所謂的「一門」，指的並非平時忠父系的高棟流平氏，而是他的姊姊平時子嫁入的平清盛一脈，也就是高望流平氏。他因為這層姻親關係成為了本來絕不可能當上的公卿，甚至官拜權大納言，人稱「平大納言」。此外，平時忠的妹妹平滋子（建春門院）受到後白河院的寵愛，生下高倉天皇；外甥女（平時子之女）平德子（建禮門院）則嫁給高倉天皇，生下了安德天皇，因此平時忠同時也以後白河院政外戚的身分掌握極大的權勢。

平時忠、平時子、平滋子的父親是平時信，祖父是平知信；而平知信的另一個兒子，正是撰寫《兵範記》的平信範。換言之，平信範是平時忠、平時子、平滋子的叔父。他的日記《兵範記》中，大量記載了有關其家族的私人資訊（活動、人際關係等），因此這份史料可謂平時子娘家私人資訊的寶庫。

我根據這個觀點，把時間拉回保元之亂爆發前不久，再次詳閱《兵範記》，於是發現了一個線索。仁平二年（一一五二）二月十八日，平信範為了「明日遠忌」而「向八條堂」。「遠忌」是在先人的忌日祈求先人圓滿成佛的追薦佛事，也就是今日俗稱的「法會」。

這是誰的「遠忌」呢？平信範在隔天的日記裡提到「先人遠忌也」。「先人」指的是「亡父」，可知這是平信範的父親——平知信的追薦佛事。四年後的久壽三年（一一五六），在平知信的忌日那一天，平信範也記錄著：「私遠忌，於八條堂修佛事（本日為家人，也就是父親平知信的忌日，因此在八條堂舉行佛事）」。根據平信範的描述，這間「一間四面堂舍（持佛堂）」位於八條以北、西洞院以西，在仁安四年（一一六九）二月時已經建立二十八年，故可推知應是在康治元年（一一四二）竣工。這間佛堂所在的位置，相當於現在「京都八條都酒店（MIYAKO HOTEL KYOTO HACHIJO）」隔著八條通的對面一帶。

平信範的姊姊嫁給藤原成隆，根據記載，久壽二年（一一五五）七月姊姊生病時，平信範曾「為看病向八條（前往八條探病）」。藤原成隆是藤原賴長的母系親戚，在保元之亂中加入藤原賴長陣營，戰敗後逃至仁和寺附近，在當地出家以表明歸順之意，隨即向檢非違使投降。他被判流放之刑，但一度獲釋返家，根據《兵範記》的記載，他當時是「歸住八條家」[28]。換言之，除了平知信的持佛堂之外，平知信女兒與女婿的住所也在「八條」，亦即高棟流平氏一族當時乃以平知信的持佛堂為中心，集中居住在八條地區。如此一來，我們便可以合理推論：平知信的孫女平時子繼承了一部分土地，並在該處打造了自己的持佛堂（光明心院），又在附近興建了西八條殿作為住處。

平清盛因為鹿谷之變而被迫返回京城時，住進了妻子的住處西八條殿，自此，他每次返回京城，都以此作為根據地，到了晚年則長住於此，最後意外病逝於此。正因如此，長久以來人們才會認為西八條殿是平清盛的私人宅邸，那片土地也是屬於平清盛所有；但事實上，那其實是他妻子娘家的土地。

負責養育天皇的平家必須住在平安京內

其實早在當時，就有人認為那是平清盛的宅邸。治承三年（一一七九）十二月，皇太子言仁親王（安德天皇）搬進西八條殿，而文獻中記載那是「外祖父入道太政大臣（平清盛）八條亭（八條坊門南、櫛笥西）」[29]。從這一年起，便開始有文獻將西八條殿（平時子的八條亭）記錄為「平清盛的八條亭」。也就是說，至少要到治承三年的政變以後，才出現將西八條殿視為平清盛所有的說法。然而，到了隔年的治承四年三月，文獻中仍將此宅邸稱為「八條二品〔入道大相國（平清盛）室（平時子）〕亭」[30]。因此西八條殿確實屬於平時子所有，平清盛只是長住在妻子的房子裡而已。這個道理就和天皇即使長期住在里內裡，里內裡仍是屬於臣子的房子一樣。

根據延慶本《平家物語》[31]的記載，平清盛在廣大的西八條殿最西端，也就是八條大路以北、坊城小路以西處，建造了一座占地一町見方的宅邸，供自己居住。據說在上述工程完工時，西八條殿土地範圍內的大大小小建築物，合計已超過五十棟。這想必是平家一族陸續從六波羅遷移至此的結果吧。或許是治承三年發生政變，緊接著言仁親王（安德天皇）又住進西八條殿，由平清盛夫妻養育，使平家一族加速將重心轉移至西八條殿（不過，平清盛的弟弟平賴盛並沒有捨棄他原本位在八條院町的宅邸，與其他人一起搬來這裡）。

平清盛的長子平重盛是平清盛的繼承人，本來應該由他擔任六波羅之主，但他卻在政變的四個月前過世了。他的死，或許也是平家離開六波羅，將重心遷往西八條的動機之一吧。

是什麼促使平清盛等人將根據地轉移至平時子的西八條殿呢？最大的理由，應該是因為它遠比位於鴨川東岸的六波羅更靠西方。如前所述，平清盛在坊城小路以西建設了一處占地一町的宅邸，此宅邸的最西端面向朱雀大路。連接京都與福原的山陽道，起點為羅城門（遺跡），也就是朱雀大路的最南端。平清盛在距離它五〇〇公尺左右的朱雀大路上建造住處的動機，想必是為了便於前往福原吧。

而最根本的原因，其實是受限於「皇太子與天皇的根據地必須在京中」這個制約。要撫養皇太子言仁──也就是在治承四年（一一八〇）二月即位的安德天皇，位在京城之外的六波羅並不適切。當他們在尋找可與六波羅匹敵的地點時，基於其廣大的面積與上述種種理由，他們認為最適宜的場所就是西八條（此論點出自佐伯智廣先生）。

在這個決策背後推了一把的，可能是當事者之間的姻親關係。平時子及其姑姑（平信範之姊）與姑丈藤原成隆，都住在八條。藤原成隆的妹妹，其實嫁給了平忠盛，在大治三年（一一二八）生下平教盛（平清盛同父異母的弟弟）。也就是說，住在「八條家」的藤原成隆，就是平教盛的舅舅。而正如前述，藤原成隆在保元之亂中被判處流放之刑，理應也失去了「八條家」的所有權。藤原成隆的妻子（平信範之姊）是「八條家」的原主人，藤原成隆死後，這間房子本應歸她所有，但她不幸在亂事爆發前一年的九月病逝[32]。因此，「八條家」很有可能就此輾轉傳給藤原成隆妹妹的兒子，同時也是在保元之亂中屬於勝者陣營的平教盛。

前所未有的朱雀大路公開處刑
——朱雀大路的「京外」化與西八條殿的位置

在安元三年（一一七七）的所謂「鹿谷陰謀」事件中，後白河院的近臣西光因為與平清盛敵對而被逮捕，最後在朱雀大路遭到斬首示眾[33]。京都的刑場，就像保元之亂時一樣，基本上都在鴨川河岸，也就是平安京之外。過去從來沒有將朱雀大路當作刑場使用的習慣，在平安京的主要幹道上處決人犯，也是前所未聞之事。

然而，平清盛並不是在京都最熱鬧的主要幹道上處決西光，以昭告天下。事實其實正好相反，在平安時代，朱雀大路及其西側的右京早已被人們捨棄，形成一片荒涼的景象[34]。當時的朱雀大路雖然名義上屬於平安京內，但由於實在太不受重視，在人們的心中，其地位幾乎等同於（像保元之亂時用於處刑的）位在京城之外的刑場。早在平安時代後期，負責維護京城治安的檢非違使職責涵蓋的範圍，最南端就只到七條而已。這代表著（說得極端一點）七條以南的地區，在行政上根本不屬於「京中」。因此，平清盛可能認為將七條以南，而且是鄰接右京的八條朱雀作為刑場使用，也沒什麼關係吧。

比較合理的推論是：將朱雀大路作為刑場使用，很可能只是單純出於方便，因為朱雀大路與平清盛所居住的八條亭很近。這是在釐清西八條殿確切位置時相當關鍵的資訊，同時也是《平家物語》中「八條大路以北、坊城小路以西，有占地一町見方（面向朱雀大路）之清盛宅」這段敘述的佐證。也就是說，整個西八條殿是鄰接朱雀大路的。此外，也有文獻稱平清盛的宅邸為「八條坊門第」，因此西八條殿的面積很可能往北擴大了二倍[35]。

只是單純使用京都的源氏與開發京都的平家

如此爬梳之後，我們可以得到一個結論：以祖孫三代之力將六波羅與西八條開發為新興住宅區的平家，堪稱首度在平安京、京都進行都市開發的武士。而作為其對手的源氏，則不曾著手如此大規模的都市開發。源氏只是京都的使用者，但平家卻是京都的開發者；這正是平家的崛起對平安京、京都而言最大的意義。正因為有平家的崛起，平安京、京都的都市區域才有機會透過武士而擴張。

容我重申，六波羅並不在平安京範圍內。正如前述，所謂的「京都」，包括了作為中心的平安京左京北部，以及平安京周圍被開發為新興住宅區、寺院區的京外部分，整體一起發揮都市的功能。因此，平家對六波羅地區的開發，正是「京都」形成過程中非常重要的一部分，我們可以將其視為武士首度對「京都」的形成做出貢獻的瞬間。而這個瞬間，同時也是「京都」誕生的瞬間。既然如此，武士毋庸置疑是「京都」的創造者（中不可或缺的一部分）。

此外，他們同時也將左京南部的八條地區開發為住宅地。過去鳥羽院政與其繼承者（美福門院、八條院）已藉由打造八條院町活用平安京內的未利用土地，而平家的「京都」開發，更是一舉加速了土地的有效利用。此外，八條院町較偏八條的東部，符合平安時代朝廷由左京往東進行開發的方針，然而平家卻沿著八條往西，一路開發至左京最西端的朱雀大路，這一點相當特別。一直以來，平安京的特性都是距離右京，亦即朱雀大路（往東）愈遠，人口密度就愈高。在人們普遍對朱雀一帶不屑一顧的狀況下，只有平家認真開發這個地區，因此意義格外重大。

如前所述，平家（平清盛）選擇攝津的福原作為在地方上的據點，而這顯然是由於平清盛重視京都前往西部的交通便利性。這是平家（平清盛一家）獨有的特殊緣由（相對地，由第五章源為義的發言可知，源氏則是一直以來分外重視與東國之間的交通）。此外，前面也提到，平家離開六波羅，將重心轉移至西八條的原因之一，是因為平家成為安德天皇的外戚，必須在京城中養育天皇的關係。既然如此，這便是在保元、平治之亂後，由平氏主導朝廷這個獨特政治背景下的產物。

綜上所述，在「京都」的形成過程中，西八條的開發，是武士第一次掌握政權所催生的產物，也是「武者之世」到達的第一個目標；而六波羅的開發則是一切的嚆矢，具有相同的意義。

第八章

「殿下乘合」事件

——左右京都居民生活的武士思維

「路頭禮」與「殿下乘合」事件

平家掌控朝廷的事實，大幅改變了朝廷與京都周遭的環境。例如，治承三年（一一七九）五月，擔任檢非違使別當的平時忠在自家門口砍下了十二名強盜的手掌[1]。過去的朝廷從不曾執行如此殘忍的酷刑，然而平時忠受到姊夫平清盛的感化，將武士那種崇尚武力的思維與常規帶進朝廷的警察機構——檢非違使之內，從根本上改變了其執法方針，不僅如此，更嚴重影響了京都的社會習慣。

仁安三年（一一六八），平清盛出家並隱居於福原後，便由其長子平重盛當家，成為六波羅之主，在京都率領平家一族。同年年底，平重盛為了養病而辭去權大納言的職位，之後在嘉應二年（一一七〇）四月復職。三個月後的七月，平重盛證明了自己已經完全康復——甚至可說精力充沛過頭了，竟引發一起震驚京都的事件——「殿下乘合事件」。「殿下」是攝關的尊稱，事情的起源，是某天深夜，攝政松殿基房（藤原忠通之子）一行人與平重盛的次子平資盛一行人在京城中相遇。

而這件事為什麼會演變成一樁大事件呢？因為松殿基房一行人違反了交通規則，

導致平重盛一行人勃然大怒。各位也許會感到疑惑，只不過這點小事，怎麼會引發衝突呢？其實在當時，交通規則是維持社會階級制度的重要工具，違反交通規則就等於挑戰社會規範；此時再加上「武者之世」特有的好勇鬥狠風氣，便形成一場難以挽回的衝突。

為了理解這起事件，在此讓我們先了解一下當時的交通規則[2]。

在京都，搭乘交通工具在路上移動時，若迎面遇上其他人，必須根據彼此的身分地位，向對方行禮，以表示敬意；這種禮節就稱為「路頭禮」。「路頭禮」只是一種社會規範，並非法律，不過早在十世紀中葉的儀式書《西宮記》裡，就已經可以看見關於「路頭禮」的敘述，顯示此禮俗已存在超過兩個世紀，形成一種根深蒂固的社會習慣。「路頭禮」源自古代中國的律令及禮法，但在中國僅適用於乘馬時。在古代的日本，上流階層乘坐的多為牛車，因此發展出不同於中國的獨特乘車禮儀規範。

如同其他禮俗，「路頭禮」的基本概念就是「地位卑賤者必須讓路給地位尊貴者」，彼此的身分地位差距愈大，地位低者就必須表現得愈恭敬。在「路頭禮」中，所謂「更加恭敬的表現」，就是「等待更久、讓自己更貼近地面、忍耐更多」。

站在身分地位較低者的立場，當對方的地位與自己最接近時，只需要「扣車」即可，也就是把車子暫停在路邊或駛進小巷，等對方經過。倘若對方的地位更尊貴，則必須「稅駕」，也就是除了「扣車」之外，還要將牛車從牛身上卸下，展現出「短時間內不打算駕車前進」的意志。假如「扣車」相當於「踩煞車」，那麼「稅駕」就是「停好車」，暫時不會離開原地。透過這個動作，可以告訴對方「為了您，我等多久都沒有關係，請慢慢來」。

倘若對方更尊貴，則必須「置榻」。「榻」是讓乘客在上下牛車時踩踏的臺子，將「榻」置於牛車的乘車處，再把鞋子擺在「榻」上，便可表示「我願意耐心等候，甚至願意穿上鞋子，下車瞻仰您的尊容」。不過，「置榻」實際上並不會下車，只是透過假裝下車的動作，傳達「我不惜下車對您表示敬意」的訊息。

若遇到更尊貴的對象，則必須真的穿上鞋子下車，稱為「下車」之禮。如果對方再更尊貴，「下車」之後還必須「蹲居」。「蹲居」是單膝跪地的姿勢，屈身、低頭，當然都是向對方表現敬意的動作，也就是與「昂頭」相反的動作。當遇到地位最尊貴的對象時，不但要「下車」、「蹲居」，還必須「平伏」。「平伏」是將上半身傾斜四十五度左右的姿勢。雖不是將上半身貼平地面的「平伏」，但仍是鞠躬的姿勢，盡量讓頭的位置貼近地面。這便是「路頭禮」中最高級的恭讓禮節。

必須採取哪一種禮儀，視雙方的位階、官職，或是否為「殿上人」（可進入天皇的住所，也就是位於內裡的清涼殿內之特權階級）而定。當對方是大臣時，若自己是大臣、大納言或中納言，則僅需「扣車」（由席次較低者先進行）；若自己是參議，則須「稅駕」；若自己是兼任大弁（弁官之首）的參議，由於地位稍低一些，故須「稅駕置榻」；若自己是藏人頭、大弁（沒有兼任參議）或「五位」的藏人，則須「稅駕」；若自己是中弁、少弁（弁官的三等官），則須「下車」；若自己是「四位」的殿上人，則須「稅駕」；若自己是「五位」的殿上人，則須「下車」；若自己是「五位」的「史」（太政官中最基層的官職，負責文書製作與管理），則須「下車平伏」。

「禮」的原則與實際執行的現場——雙方認知的落差與武力抗爭

不過，「路頭禮」並非具有強制力的法律制度，因此上述原則僅能作為參考[3]：「禮法無所定，隨〔便宜〕別宣可思免恥（禮法並非法律，必須視情況臨機應變，以免出醜）」。

無法單靠上述原則來判斷該如何施行「路頭禮」，是因為決定尊卑的標準並不只是位階與官職。事實上，「路頭禮」的概念源自古代中國儒教的基本價值觀——「禮」思想，而在「禮」思想中，萬物皆受因果關係與先後關係所制約，原始的比衍生的尊貴、先來的比後到的尊貴。

上述原理，深深左右了日本所有的禮俗規範。假如兄比弟尊貴，則一個氏族的嫡系便比旁系尊貴；所有氏族之中，以天皇家最為尊貴，其次則是輔佐天皇的始祖之神——天照大神的天兒屋根。藤原氏乃是天兒屋根的子孫，因此在朝臣之中，以攝關家最為尊貴，人們必須對其血統表示應有的敬意。

於是，人們便形成一種默契：在「路頭禮」等禮儀規範中，除了以上述的位階、官職作為基準，還應該考慮父子、兄弟關係及血統的尊卑。

這些都不是法律，甚至也沒有任何文字記載其詳細的規定，因為朝廷相信這些並非需要動用法律來強制的事情。在「禮」思想中，人的任何行動都必須遵循「禮」這個世界運行的道理，並且自動受到理性的克制。而「法」則被視為一種必要之惡，透過人類本能上對刑罰的恐懼，來控制這些沒有機會或能力培養理性的民眾，避免他們順著自己的動物本能犯罪。倘若以明文詳細規定上流階層的「禮」，就等於證明了他們並未徹底實踐「禮」。因此直到鎌倉後期龜山上皇制定《弘安禮節》，日本都沒有官方制定的禮節準則與規範。

為什麼要制定《弘安禮節》呢？因為當時攝關家等上流貴族堅持必須考慮血統的尊卑，但與院政關係緊密、從攝關家獨立出來的中流貴族則極力反對，一再反覆的紛爭令朝廷無法漠視。因此《弘安禮節》可說是非不得已才制定的、例外的必要之惡。

由於原則是不明文規定禮儀規範，也不制定為法律，因此人們必須依照當下的狀況，決定自己應該採取什麼動作。這是身分地位較低的一方必須思忖的事情，且沒有絕對的正確答案，因此當事者A、B對於「A必須向B表達多少敬意」認知不同的情況，時有所聞。如此一來，這個本應展現禮節的時刻，就會演變成雙方堅持己見、一觸即發的緊張場面。假如其中一方自認是攝關之子／天皇的外戚／院的近臣等，特權意識特別強烈，而另一方卻對此滿不在乎，便很容易形成衝突。而在行使「路頭禮」時產生的爭執，往往始於雙方在現場爆發口角。

例如，鎌倉時代末期的延慶四年（一三一一）三月，後伏見上皇與右大臣二條道平的牛車交會時，由於上皇一行中，隨行的多名「北面」（隨侍的下級朝臣）沒有下馬就想直接通過，右大臣的隨從們即刻喝斥對方的無禮，並威脅要將他們拉下馬，於是「北面」才下馬[4]。在右大臣一行的認知裡，儘管對方身為上皇的隨從，也不能對右大臣無禮；從他們甚至毫無忌憚地公開表示「要是你繼續這種無禮的行為，我們就會動用武力」的這一點，可以看出「路頭禮」衝突中特有的緊繃氣氛。

在上述事件中，上皇的隨從屈服於對方的威脅而乖乖下馬，因此沒有演變成更劇烈的衝突，但十四年後的正中二年（一三二五）九月，則發生了衝突事件。一名騎馬者與後伏見上皇交會，上皇的隨從喝斥對方，要求對方下馬，但此人卻在上皇一行人通過之前又再度上馬。上皇的北面威脅要將對方拉下馬，而乘在馬上的此人竟拔刀以對，衝突就此爆發。由於雙方人數懸殊，此人被人多勢眾的北面拉下馬，刀也被奪走，這時他卻拔出另一把刀，威脅要「刃傷」北面，於是北面的下人便拉弓威嚇，男子才趕緊逃離現場[5]。在「武者之世」，因為「路頭禮」而爆發的衝突，就是如此輕易演變為刀劍相向的廝殺。而這種現象的主因，就是由於武士不但個性暴躁、好勇鬥狠，更以「武者之世」為傲，連面對上皇的隊伍都敢拔刀，甚至蔚為風潮。

藤原賴長與平信兼的混戰——武士的自尊心逐漸高漲

這樣的風潮，在慈圓所謂開啟「武者之世」的保元之亂的前一年，也就是久壽二年（一一五五）二月，便已明顯展現。當時左大臣藤原賴長與左衛門尉平信兼在京城中交會，因為「路頭禮」而爆發衝突，導致多人死亡。據說當時平信兼雖已「下車」，並在附近的樹下「蹲居」，但藤原賴長的隨從卻斥責平信兼，並攻擊平信兼及他的牛車。平信兼不甘受辱，以弓箭反擊，射殺了藤原賴長的數名隨從。藤原賴長逃走後，將此事稟告鳥羽院，最後平信兼遭到免職的處分[6]。

不過，當時平信兼已經做出「下車蹲居」之禮，為什麼藤原賴長的隨從還要斥責他，甚至對他動粗呢？其實是因為「下車蹲居」還不夠。根據前面舉例的「路頭禮」規則，官等「六位」的左衛門尉平信兼，在面對身為左大臣的藤原賴長時，必須行的是比「下車蹲居」更高一級的「下車平伏」之禮。藤原賴長的隨從是因為無法忍受平信兼沒有確實行禮，只想用「蹲居」了事的態度，才對他動手的。

平信兼沒有做到「下車平伏」，是因為他不了解「路頭禮」嗎？答案應該是否定的。根據多份史料，可知平信兼始終住在京城裡。既是朝廷的基層官員，又長居京城，不可能不知道「路頭禮」的規矩。平信兼明明具備「路頭禮」的常識，卻藐視藤原賴長，故意用較低等的「下車蹲居」之禮來敷衍了事。

平信兼心中所認為的「雙方地位的差距」，顯然小於藤原賴長的認知。但這並非平信兼看低左大臣藤原賴長的地位，而是他對自己地位的認定，高於對方的認定。這正是京都進入「武者之世」的意義。在同一時期過世的平忠盛，當上了刑部卿，甚至獲得昇殿的資格，由此可知，經過半個世紀以上的院政期，武士的地位已經大幅提昇；而這一切都要歸功於身為治天（實施院政的上皇）的白河院與鳥羽院大力的拔擢。平信兼自視甚高，不把左大臣放在眼裡，而另一方面，藤原賴長的隨從們也瞧不起武士，認為自己可以強迫他們遵守規矩。然而隨從的態度傷害了武士的自尊心，導致多人死傷的悲劇。到了這個時期，武士已經沒有一絲自卑，假如想對他們來硬的，他們也會毫不遲疑地透過暴力反擊，以達成自己的目的。朝廷與貴族社會對此已有深刻的體認，而這正是「武者之世」來臨的意義。

在保元、平治之亂爆發之前，屬於平氏旁系的平信兼尚且如此，在武士藉由保元之亂成為政壇的主角、藉由平治之亂成為朝廷的支柱，而且由平家（平氏的主流）獨占高位之後，平家人的自視會有多高，相信一點也不難想像。更遑論，到了世人認為極有可能是白河院私生子的平清盛當上太政大臣，成為一人之下萬人之上的朝廷最高掌權者之後，更可以想見他的子孫會認為自己的家族有多麼與眾不同、表現得有多麼目中無人。

「殿下乘合」事件——攝政松殿基房攻擊平資盛的車

平重盛之子平資盛，似乎正是極端自視過高（擁有特權意識）的人。他是平重盛的次子，然而在殿下乘合事件發生的嘉應二年（一一七〇）七月，九條兼實（攝政松殿基房同父異母的弟弟）的日記《玉葉》裡卻明文提到他是「重盛卿嫡男」。後來真正繼承平重盛的是他的長子（平資盛同父異母的哥哥）平維盛，但在當時嫡子卻是平資盛。不難想像，當平資盛認為自己未來將成為平家一門之長，掌握極大的權力，自我意識當然會無限膨脹，根本不把攝關家放在眼裡。

攝政松殿基房很不幸地遇上了平資盛。松殿基房沒有一絲侮辱平資盛的念頭，根據上述的《玉葉》，當時平資盛因為好玩而搭乘女房（女官）用的牛車，因此任誰都不知道車上的人是平資盛。假如一看就知道那是平資盛的車，相信絕對不可能有人會與他起衝突。然而，平資盛坐在「不知名女性的牛車」裡，又想以平資盛的身分獲得禮遇，導致對方因為外在資訊與事實不符而惹禍上身，因此這起事件顯然是平資盛的錯。

松殿基房的隨從們可能認為對方只不過是女房，卻對攝政如此不敬，才斥責對方吧。接著，隨從們「打破」平資盛的車，這才看見坐在車裡的原來是平資盛。儘管隱匿身分的平資盛錯在先，但松殿基房襲擊了平清盛的嫡孫，確實使對方失了面子，因此松殿基房驚恐萬分。

他立刻派遣使者帶著當時襲擊牛車的隨從去找平資盛的父親平重盛，表示「任法可被勘當（請依法予以懲處）」。此舉透露的訊息是「我本人沒有惡意，一切都是隨從的錯，請處罰他們」，這是他所能展現的最大誠意。

然而，平重盛卻送回了隨從。但這並不是寬宏大量的表現，而是在表達：「懲處這些下人有什麼意義？」也就是他並不接受道歉。

兩天後，民眾開始謠傳「乘逢事，大納言殊鬱（對於「乘逢（乘合）事件」，平重盛內心感到不滿）」。「乘合」意為搭乘交通工具的雙方在路上迎面相逢時，因為讓路問題而起的紛爭（從這個角度來看，寫作「乘逢」較為適切）。

松殿基房懼怕不已，一心只想迴避平重盛的報復，於是立刻處分了隨從。隨從包括了近衛府派來擔任攝政護衛的「隨身」、負責在主人座車前方開路的家臣（下人）

「前驅」，以及地位最低的「舍人」（雜工）及「居飼」（負責照顧牛隻的人）。「隨身」與「前驅」共有七人，他們遭受「勘當（制裁）」（可能是流放或禁足等處分），而「舍人」與「居飼」則以罪犯的身分移交檢非違使。松殿基房主動做出嚴厲的處分，以表示「那是下人們擅自幹的好事」；看來不管在什麼時代，高官顯要都喜歡用同樣的藉口來脫罪。

平重盛的報復——就連攝政也逃不過武士報復的時代

儘管松殿基房說的是事實，但松殿基房本人沒有親自去道歉這件事，卻成了關鍵。這並非因為松殿基房拉不下臉，正如「攝政者代天子行政之職也」這句話，攝政是天皇的代理人，也就是地位「幾乎等同於天皇」[7]。站在這個立場，他實在無法向身為大納言的平重盛道歉，更別說官等只有「五位」的越前守平資盛了。松殿基房就算想親自謝罪，他的立場也不允許他這麼做。沒想到身為攝政的立場，竟反而使他陷入窘迫的境況，實可謂階級社會的一大諷刺。

即使松殿基房對下人做出了懲處，平重盛也始終沒有表示原諒，因此松殿基房過了一段戰戰兢兢的日子，尤其在外出時，更是膽顫心驚。事件發生後大約十天，松殿基房從自己的家「閑院」（二條大路以南、西洞院大路以西），前往祖先藤原道長所建造的法成寺（東京極大路以東、近衛大路以北）。更精確地說，應該是「準備」前往。然而，當時在途中必經的二條大路、東京極大路交叉口附近，有「武士群集」。據說這些武士埋伏在該處等待松殿基房經過，並準備捕捉「前驅」；這正是平重盛為了報復「乘逢之意趣（怨恨）」所採取的行動。松殿基房驚惶不已，便取消了這趟出行。

松殿基房不敢外出，然而攝政要是不能外出，朝廷的行政事務就會停滯。而且，當時朝廷正在準備替剛滿十歲的高倉天皇舉辦「元服」儀式，因此無論如何攝政都必須出席會議。在事件發生三個月後的十月，朝廷召開會議，松殿基房也出席了。不知道他是認為風波已經平息，還是儘管知道自己會遇襲，卻因受限於職責而咬牙出門，我們唯一能確定的是：該發生的事情終究發生了。

在他前往內裡的途中，大批武士出現在大炊御門、堀川的交叉口，將所有「前驅」從馬匹上拉下來，松殿基房一行飽受驚嚇，只好趕緊逃回家。由於攝政缺席，會議無法召開，便延期了。

容我重述，攝政的地位「幾乎等於天皇」，而武士卻鎖定攝政報復，肆無忌憚地對他展開攻擊，這種行為可說震驚了世人。在這個時代裡，全國上下已經沒有人敢觸怒武士，要是惹上武士，便會遭到暴力威脅。這便是「殿下乘合」事件的意義。

以報復作為宣傳，扮演大眾媒體角色的京都

不過，平重盛一家的報復行動，其實是相當自制的。他們只是把「前驅」從馬匹上拉下來，並沒有造成死傷，也沒有真正碰到松殿基房本人一根汗毛。比起十五年前殺死左大臣藤原賴長好幾名隨從的平信兼，平重盛可謂理智多了。現代的「逼車」行為好比喪失理智的動物行為，但平重盛卻仍保有人類的理性；然而理智上明明很清楚，卻仍不願意停止報復的這一點，正是武士絕不退讓的底線。

武士最無法忍受的就是受辱，這一點堪稱武士最核心的心性，直到前近代的明治

維新時期都不曾改變。因此，武士在日常生活中總是注意不要讓自己丟臉，但即使如此，有時仍難免因為不可抗力的因素而受辱。武士最痛恨的，就是對自己而言最重要的榮譽心遭到他人滿不在乎地踐踏、玷污。

倘若武士在大庭廣眾下遭受屈辱，事後絕對不可能當作沒事一般，為了雪恥，他們只有報復一途。報復的目的有二：首先是讓對方遭受同等的恥辱，讓雙方回到沒有誰輸誰贏的平衡狀態；其次則是讓對方清楚知道自己「一定會報復」，以防止對方再犯。倘若不報復，攝關家、貴族、武士便會瞧不起平家，因此平重盛非得報復不可。而且，為了雪恥，甚至連天皇元服的日程等要事都可以毫不猶豫地犧牲，就連對天皇本人造成困擾也不以為意。展現出這樣的態度，正是讓對方體認自己絕對躲避不了報復的唯一方法。

平重盛將報復付諸實踐的三天後，松殿基房與平重盛同時上朝。這顯示平重盛在完成報復之後一吐怨氣，雙方的關係也已經修復。不過當時「武者甚多」，表示平重盛帶著眾多武士一同上朝，而這並不尋常。事實上，他透過此舉動傳達了一個帶有恐嚇意味的訊息：「讓平家受辱，就等於與這些武士為敵，以後給我小心點」。

話說回來，平重盛的自制實在耐人尋味。平重盛沒有造成對方人員死傷，也沒有過度防衛，只是讓對方受到同等的屈辱，就讓這件事落幕了。這種行為模式，其實與「殿上闇討」事件中的平忠盛極為酷似——也就是為了不讓對方看扁而展現出強勢的態度，同時明確地傳達「假如你先攻擊我，我就會毫不留情地報復」的訊息，但實際上並不會傷害對方。克制自己想復仇的心情，維持一種巧妙的平衡，正是以武士身分攀上朝廷高位的平家有別於其他武士的最大武器，或許可說是「社會性」。

平重盛沒有侵襲松殿基房的家，而是刻意選擇松殿基房外出時，在路上動手，也是相當重要的一點。攝政外出時的隊伍，正是最能在視覺上展現攝政威嚴的象徵，而平重盛就是故意在眾目睽睽的京都大馬路上展開襲擊，讓他落荒而逃。如此一來，平重盛便能藉此將上述訊息傳達給不特定多數人。其實，無論是組織一支具有威嚴與排場的隊伍上街，或是讓對方威嚴和排場盡失，都是在視覺上傳達自己是何許人也（自己的身分地位）的宣傳手法。從這個角度看來，京都的道路作為一種大眾媒體，重要性與日俱增。

後記　由平家一手打造、一手破壞的國都

平安京初誕生時，並沒有武士的存在。然而自從在京城設置了緝捕群盜的瀧口武士，平安京的存續便完全寄託在武士身上。到了院政時期，亦即平安京蛻變為「京都」時，武士便成為京都骨幹的一部分。

接著，直到明治維新，每個時期都存在著構成京都一部分的有力武士。平安時代的源氏、平氏，相信各位讀者皆已透過本書了解；鎌倉幕府為了維護京都治安而設置了「六波羅探題」，並讓西國的武士管理；室町幕府則以京都為根據地，三代將軍足利義滿與朝廷結合，自此進入少了將軍、幕府，京都便無法存在的時代[1]。室町幕府式微後，便由出身地方的三好氏與織田信長稱霸京都。織田信長設立了「京都所司代」管理京都的治安與行政，這個機構延續至豐臣秀吉政權與江戶幕府，而江戶幕府

又設立了「京都町奉行」以強化統治權，最後更設置「京都守護職」，讓會津藩兵常駐於此。

這之間的歲月長達一千年。在這麼漫長的時間裡與京都相伴的武士，對京都而言絕不可能是異物。之所以看起來像是異物，只是因為朝廷（朝臣）始終認為價值觀與自己不同的武士是異物，而到了現代，京都大部分的歷史又是根據朝廷（朝臣）的紀錄建構而成的緣故。甚至可以說，這完全是受到近代日本意識形態的影響，也就是在京都的二條城進行大政奉還，使人們心中留下天皇從武士手中奪回了京都的印象。我們不能被偏頗的史料及近代日本的政治宣傳手法所蒙蔽。

若直視史實，便能發現所謂的「京都」，是為了適應院政這個體制，而將原有的平安京（的殘骸）與武士加以重組，再接上外部裝置（白河、鳥羽）之後才誕生的「院政規格」新都市。用最簡明扼要的方式來敘述它的構造，大概就是：（平安京＋武士）×院政＝京都。

藉由寄生於院政而不斷發展的平家，在平清盛的時代，透過治承三年（一一七九）的政變從院政獨立，於是上述的「京都」便成為由武士掌握最高權力的「武家政權規格」都市。平家的勢力在平正盛的時代隨著院政的展開而擴大，而京都的新零件（六波羅、西八條）也在平清盛的時代建造完成，這便是「武家政權規格」京都的雛型。

如果將白河、鳥羽院政期透過開發白河、鳥羽、六波羅等地區而催生的京都視為 ver.1，那麼因為平清盛、後白河院興建西八條殿及法住寺殿而擴大的京都，便可稱為升級後的京都 ver.2。這場升級，正是「武者之世」來臨的成果，也是平清盛被認為是白河院的私生子而攀上政壇頂點的結果。從這個角度來說，京都 ver.1 可謂白河院政確立的過程，京都 ver.2 則是白河院政的所作所為收斂後必然產生的結果，可謂白河院政的總結。

有趣的是，這個成熟型態，其實存在著根本上的矛盾。不論是平安京或京都，「都」皆必須是天皇宮殿的所在地，這才是國都存在的原始意義。天皇絕對無法與「都」切割；而天皇與院政又是一體的，因此院政也無法與「都」切割。

然而，當武士取代了院，成為日本的最高掌權者時，掌權者便沒有理由拘泥於「都」。平家之所以對京都的開發盡心盡力，最根本的原因也是為了巴結院政，假如沒有必要巴結院，平家也就沒有必要建設京都了。於是這導致了一個諷刺的結果——

平家帶領京都走向發展成熟的型態，同時也輕易地拋棄了它。平清盛在政變的隔年所決定的「福原遷都」，就是上述過程的結局。正因為武士是京都不可或缺的一部分，當武士捨棄京都時，京都便瀕臨崩壞的危機。

之所以說平清盛時代的京都是成熟型態，是因為在平清盛的全盛期，京都的發展也迎向高峰，接著就開始走下坡，僅僅數年便完全衰亡。首先是燒毀左京北部大部分地區的「安元大火」；三年後，也就是治承四年的福原遷都，使京都失去了「唯一的國都」的地位；正當京都努力復興時，又遭到龍捲風的侵襲，使得房屋倒塌，傷亡人數增加。同年，源平合戰爆發，京都瞬間變成戰場；隔年的養和元年（一一八一）起，「養和飢荒」連續兩年肆虐，導致朝廷收不到歲貢，數萬人餓死。飢荒還沒結束，將平家趕出京都的木曾（源）義仲軍隊便占領京都，恣意掠奪。木曾義仲與平家滅亡後，與源賴朝對立的源義經綁架後白河法皇，京都險些被捨棄。最後的致命一擊，則是大規模的地震「元曆大地震」，讓京都的街道成為斷垣殘壁。

如上所述，僅僅數年間，京都就數度遭遇史上最大規模的災害，幾乎變得一片荒蕪。等到平家滅亡，鎌倉幕府的時代來臨，鎌倉幕府的首要之務便是復興京都。之後，直到明治維新，內裡的重建及維護，就成了幕府的工作。天皇的「都」裡必須有內裡，沒有內裡就沒有京都，而內裡的維護工作既然由幕府擔任，就代表京都少了幕府（武士）便無法存續，幕府仍是京都不可或缺的一部分。

正當幕府竭盡全力維護內裡時，在中世，竟有好幾個人在內裡縱火，使內裡付之一炬。各位一定很驚訝，到底是什麼樣的不肖分子會做出這種事呢？其實答案也令人難以置信——縱火犯竟然是多名天皇。無論在京都的觀光景點或在媒體上，我們聽見的說法往往是「天皇守護京都，武士摧殘京都」，然而事實恰恰相反，守護京都的是武士，而摧殘京都的是天皇。尤其是天皇出於一己之私而縱火燒毀內裡的事實，長久以來幾乎沒有人察覺。有一小部分的歷史學家很可能明明發現了這件事，卻加以隱蔽，歷史學界直到今天都還被蒙在鼓裡。關於這些發生在本書內容之後的故事，我將另找機會向各位介紹。

致謝

最後，我要向本書的讀者、因為留意到拙著《武士起源解析》而給筆者機會撰寫本書的波多野文平先生、水上奧人先生等文藝春秋出版社的先進，以及於公於私皆給我莫大支持的各位，致上最深的謝意。此外，本書所載的許多地圖，皆出自山田邦和先生的研究專書。我在思考最適合表達本書意旨的地圖時，怎麼找都找不到優於山田先生作品的地圖，在此特別誠摯感謝山田先生爽快允諾筆者引用、修改，讓本書得以刊載最富意義的地圖。本書的論點，除了山田先生的著作之外，也參考了許多我在京都的「平安京・京都研究集會」中所學到的知識。我在參考文獻中列出了山田先生所著的歷史觀光導覽（山田邦和，二〇一七），這本書裡有許多只有這位純正的京都人（上京人）考古（歷史）學家才有辦法提出的觀點，例如「七條」絕對必須讀作

「HICHIJO」等等。我極力推薦各位帶著本書與上述觀光導覽造訪當地，重新認識京都。

※本書為獲得ＪＳＰＳ科研費 JP16K16911 經費補助的研究成果之一。

註釋

前言　平安京轉生為「京都」的時間點

1 譯註：原文為「鳴くよ　うぐいす　平安京」，其中「鳴くよ」在日語中音近數字「七九四」

2 譯註：古京都遺址

3 譯註：日本史中，「古代」一般指奈良時代與平安時代，「中世」一般指鎌倉時代與室町時代，以下皆以此定義為準

4 請參照拙作《無用的平安京》

5 譯註：由上皇或法皇執政的政治制度。上皇為退位後的天皇，若上皇出家，則稱「法皇」，亦可通稱為「院」

第一章　仰賴武士的平安京及朝廷的治安

1 請參照參考文獻

2 《類聚三代格》十八

3 《類聚三代格》十六

4 《續日本後紀》

5 譯註：日本律令制下負責治理「郡」的地方官

6 《養老令》宮衛令

7 《續日本後紀》

8 《續日本後紀》、《文德天皇實錄》

9 《三代實錄》

10 譯註：一等官

11 譯註：二等官

12 《延喜式》左右近衛府、左右兵衛府

13 《養老令》戶令

14 《三代實錄》

15 《類聚三代格》二十

16 譯註：此指日本在一三三六年～一三九二年，

介於鎌倉時代與室町時代之間的南北分裂時期

17 《政事要略》六十一
18 《聚類國史》八十七
19 《延喜式》東市司
20 《貞信公記》
21 《三代實錄》
22 《政事要略》六十一
23 《政事要略》六十一
24 《日本紀略》、《扶桑略記》
25 《西宮記》臨時五、《貞信公記》
26 《日本紀略》
27 《西宮記》臨時一裡書
28 《本朝世紀》
29 《日本紀略》
30 《政事要略》六十一
31 《日本紀略》
32 《西宮記》臨時十

---

33 《武士起源解析》
34 譯註：日本律令制下，由中央派遣至諸國處理政務的地方官
35 《貞信公記》
36 《吾妻鏡》元久二年六月二十二日條、《園太曆》貞和三年十二月二十四日條
37 《貞信公記》
38 《本朝世紀》
39 《日本紀略》
40 《本朝世紀》
41 《西宮記》臨時十一裡書
42 《百練抄》
43 《日本紀略》、《本朝世紀》
44 《十訓抄》五
45 《日本紀略》
46 《續日本紀》
47 《日本紀略》

48《日本紀略》
49《日本紀略》
50 譯註：源
51《本朝世紀》
52《將門記》
53《小右記》
54《日本紀略》
55《春記》
56《日本紀略》、《貞信公記》
57《師守記》貞和三年十二月十七日條
58《師守記》貞和三年十二月十七日條
59《日本紀略》
60《日本紀略》、《扶桑略記》
61《日本紀略》
62《陸奧話記》
63《平安時代史事典》〈粟田山〉
64 中澤克昭，二〇一八

---

65 丹生谷哲一，一九八〇
66《扶桑略記》、《陸奥話記》
67《扶桑略記》、《朝野群載》十一
68《為房卿記》、《水左記》、《扶桑略記》、《百練抄》
69《奧州後三年記》
70《陸奥話記》
71《日本紀略》
72《親信卿記》天祿四年四月十七日條
73《小右記》永延二年閏五月九日條、長德二年十月十一日條
74《小右記》
75《為房卿記》
76 譯註：指四條大路延伸至平安京範圍以外的部分
77 譯註：日本律令制下的中央最高行政機關

第二章 「京都」的誕生與「天下」之謎

1《本朝世紀》
2《中右記》大治四年七月十七日條
3 譯註：關白與攝政皆為輔佐天皇的職位，若天皇生病或為幼兒、女性，該職位稱為攝政，其餘狀況則稱為關白
4《中右記》
5 譯註：「御所」指上皇、皇太后、皇后、皇子等的住處
6 瀧浪貞子，一九八四
7《拾芥抄》中
8《日本紀略》長和五年七月二十日條
9《無用的平安京》
10《左經記》萬壽五年三月二十日條
11 永保三年
12《愚管抄》
13《吉記》壽永二年七月三十日條
14《為房卿記》寬治元年八月四日條
15《中右記》嘉保三年六月三日條
16 東京都千代田區官方網站
17《無用的平安京》一五四頁
18《扶桑略記》應德三年十月二十日條
19《百練抄》
20《中右記》
21《殿曆》
22《台記》
23 以上皆出自《台記》
24《本朝世紀》
25 天智天皇五年是冬條
26 延曆五年五月三日條
27《日本後紀》延曆二十四年二月十日條、天長四年二月二十六日條、《三代實錄》貞觀十六年閏四月七日條等
28《類聚三代格》五、一九、一四

29《小右記》寬仁三年六月二十一日條
30長治元年十月七日條、六月二十四日條
31大村拓生，二〇〇〇
32《中右記》
33《百練抄》
34《中右記》
35《續日本紀》六月十日條
36《本朝世紀》、《為房卿記》八月二十九日條
37《康富記》七月二十六日條
38譯註：亦作「強訴」，特指平安中期以後僧兵或神道教特權人士集結成群，以武力方式向朝廷表達強烈訴求的行為
39《貞信公記》天慶二年六月二十日條
40《九曆》承平七年八月十五日條
41《九曆》天曆二年四月二十三日條
42十一月十一日條
43永觀二年十二月六日條、永觀三年二月二十三日條
44寬仁元年九月二十六日條、十月二日條
45譯註：指三好長逸、三好政康、岩成友通等三名武將
46第一部第三十七章、第七十七章。松田毅一等譯，二〇〇〇
47第二部第四十七章
48第二部第三十一章、第三部第十章
49第一部第五十四章、第五十八章
50神田千里，二〇一四、金子拓，二〇一四等
51《奧州後三年記》

第三章　成為武士代表的平氏

1〈東南院文書〉、〈東大寺文書〉
2《中右記》
3《中右記》
4《後二條師通記》

5《陸奧話記》
6《古今著聞集》武勇
7《古事談》勇士
8《殿曆》
9《永昌記》
10《中右記》
11《尊卑分脈》
12《百練抄》
13《百練抄》、《殿曆》
14《尊卑分脈》
15《殿曆》
16《殿曆》
17 譯註：日本律令制下的位階名稱
18《無用的平安京》五十一頁
19《中右記》天仁元年正月二十九日條
20《殿曆》、《中右記》
21《中右記》、《古事談》勇士
22《中右記》八月二日條、《殿曆》三月二十九日條
23 譯註：古人進行鳥葬、火葬等葬禮的場所
24「東寺百合文書」ほ函
25《殿曆》
26《殿曆》、《長秋記》
27《中右記》
28《中右記》
29《中右記》
30《中右記》
31《帝王編年記》
32 美川圭，二〇〇三
33《本朝世紀》
34《吉記》
35《中右記》
36《平家物語》長門本
37 譯註：天皇將新穀供奉給天神地祇，自己也食

用的祭典儀式
38 譯註：由天皇或上皇下令編纂的和歌集
39 日本大學館藏版，第一四一號與第一九〇號
40《殿曆》
41《中右記》
42《中右記》
43《中右記》
44《殿曆》
45《長秋記》天永二年八月某日條
46 元木泰雄，一九九四，一二六頁
47 野口實，二〇〇六，四十七頁註
48 長村祥知，二〇一二，二五九頁
49 同前論文，二五九頁
50《中右記》天永四年四月三十日條

第四章　詛咒京都與天皇的嗷訴，守護京都與天皇的武士

1 譯註：「賽」意為骰子
2《平家物語》
3 桃崎有一郎，二〇〇八
4 譯註：僧官的官名
5《南禪寺對治訴訟》（《大日本史料》第六篇，第三十冊，二十七頁）
6 譯註：鎌倉時代直屬將軍的武士
7《為房卿記》
8《武士起源解析》
9《帥記》
10《扶桑略記》
11《百練抄》
12《為房卿記》
13《中右記》
14 譯註：佛寺與神社的合稱

15《中右記》
16《中右記》
17《百練抄》
18《本朝世紀》
19《百練抄》

第五章　京都的敗亡與保元、平治之亂

1 譯註：成為後宮
2 譯註：地位僅次於皇后、中宮的女官
3 譯註：指古代的成年禮，一般在十一～十六歲之間舉行
4《台記》
5 川本重雄，二〇〇六
6《台記》
7《台記》
8《宇槐記抄》八月二十日條
9《山槐記》永曆元年十二月四日條
10《台記》
11《台記》
12《散位源行真申詞記》
13《台記》
14《百練抄》
15《平治物語》
16《台記》
17 東野治之，一九七九
18《愚管抄》
19 譯註：此處之「學生」意為學識涵養。《愚管抄》
20《台記》康治二年八月五日條
21 請參考拙著《無用的平安京》
22 譯註：日本的行政區域名稱
23《無用的平安京》
24《吉記》壽永二年七月十六日條
25 角田文衛「藤原忠通」《平安時代史事典》

26《古事談》王道后宮
27 古澤直人，二〇一八
28《無用的平安京》
29 譯註：抑制莊園增加的政策
30 譯註：藤原朝子，因官等為「從二位」而有此稱呼
31 譯註：乳母之子
32 出處同前述古澤著作
33《公卿補任》
34《愚管抄》
35《百練抄》
36《愚管抄》
37《平治物語》
38《百練抄》
39 栃木孝惟等，一九九二，二三二頁，註十八
40《愚管抄》

第六章　六波羅與法住寺殿的大規模開發

1《玉葉》治承五年閏二月五日條
2《百練抄》
3《山槐記》
4 第三末——平家都落事
5《明月記》治承四年十一月二十六日條
6《百練抄》
7《一代要記》、《帝王編年記》
8 詫間直樹，一九九七
9《山槐記》
10《兵範記》仁平四年十月二十一日條
11《本朝世紀》
12《尊卑分脈》
13《尊卑分脈》
14 譯註：典型的阿彌陀堂建築，中央有四根柱子，構成一正方形平面，四面有屋簷
15《兵範記》

16《兵範記》
17《歷代皇記》
18《吉記》
19《後中記》、《吉記》
20《山槐記》
21《右禪記》
22《右禪記》
23《山槐記》
24《山槐記》
25《公卿補任》
26《醍醐寺雜事記》
27 佐伯智廣，二〇〇四
28《愚管抄》
29《百練抄》、《山槐記》、《禪中記》
30《山槐記》、《禪中記》
31《山槐記》
32《右禪記》
33《禪中記》、《百練抄》
34《兵範記》、《吉記》
35《山槐記》
36 譯註：入山修行，以求悟道的日本傳統山岳信仰
37《延曆寺文書》
38《古事記》
39《百練抄》
40《百練抄》
41《延曆寺文書》

第七章　平家主導開發的新都市區域——「八條」

1《百練抄》
2《兵範記》、《本朝世紀》、《玉葉》
3《山槐記》文治元年八月十四日條
4「東寺百合文書」シ函

5 《尊卑分脈》
6 譯註：琉球群島
7 《百練抄》治承五年二月十七日條
8 第三末——平家都落事
9 《山槐記》
10 《山槐記》
11 《山槐記》、《玉葉》
12 《明月記》
13 《玉葉》
14 《兵範記》，高橋昌明，二〇〇七
15 《國史大辭典》〈西八條殿〉、《平安時代史事典》〈西八條第〉
16 《玉葉》
17 《顯廣王記》
18 《玉葉》
19 《吉記》
20 《兵範記》承安元年七月二十一日條、仁安二年四月二十六日條、《清獬眼抄》引用之《後清錄記》治承二年四月二十四日條、《愚昧記》治承五年閏二月三日條
21 高橋昌明，一九九八
22 《兵範記》仁平二年六月二十七日條、《殿曆》天仁二年四月二十日條、《為房卿記》嘉保二年八月二日條、《百練抄》大治三年五月十一日條
23 《玉葉》嘉應二年七月二十二日條、《愚管記》仁安二年七月十一日條、仁安三年六月二十九日條
24 《台記》保延五年六月二十七日條
25 伏見宮舊藏《上皇御移徙記》六月二十七日條
26 《百練抄》康治二年三月十六日條、《本朝世紀》久安四年正月十三日條、仁平三年二月十六日條
27 《平家物語》

28 保元元年七月十四日條
29 《山槐記》
30 《山槐記》
31 二四七頁
32 《兵範記》
33 《愚管抄》
34 《無用的平安京》
35 《百練抄》治承五年閏二月六日條

第八章 「殿下乘合」事件

1 《山槐記》
2 桃崎，二〇〇五
3 《西宮記》臨時五
4 《新院姫宮御行始記》
5 《花園天皇宸記》
6 《兵範記》
7 《吉記》文治元年十二月二七日條

後記 由平家一手打造、一手破壞的國都

1 詳情請參考拙著《室町霸主 足利義滿》

參考文獻

1. 江馬務ほか訳『大航海時代叢書Ⅸ・Ⅹ 日本教会史 上・下』（岩波書店、一九六七・一九七〇年）
2. 大村拓生「鳥羽と鳥羽殿」（『中世京都首都論』、吉川弘文館、二〇〇六年、初出二〇〇〇年）
3. 金子拓『織田信長〈天下人〉の実像』（講談社現代新書、二〇一四年）
4. 川本重雄「続法住寺殿の研究」（髙橋昌明編『平安京・京都研究叢書1 院政期の内裏・大内裏・院御所』、文理閣、二〇〇六年）
5. 神田千里『織田信長』（ちくま新書、二〇一四年）
6. 京都市編『史料 京都の歴史』（平凡社、一九七九〜一九九四年）
7. 佐伯智広「二条親政の成立」（『中世前期の政治構造と王家』、東京大学出版会、

二〇一五年、初出二〇〇四年）
8. 下坂守『京を支配する山法師たち——中世延暦寺の富と力』（吉川弘文館、二〇一一年）
9. 髙橋昌明『［増補改訂］清盛以前——伊勢平氏の興隆』（平凡社、二〇一一年、初出一九八四年）
10. 髙橋昌明「平家の館について——六波羅・西八条・九条の末」（『平家と六波羅幕府』、東京大学出版会、二〇一三年、初出一九九八年）
11. 髙橋昌明編『平安京・京都研究叢書1　院政期の内裏・大内裏と院御所』（文理閣、二〇〇六年）
12. 髙橋昌明『平清盛　福原の夢』（講談社、二〇〇七年）
13. 瀧浪貞子「初期平安京の構造——第一次平安京と第二次平安京」（『京都市歴史資料館紀要』一、一九八四年）
14. 詫間直樹『皇居行幸年表』（続群書類従完成会、一九九七年）
15. 角田文衞総監修、財団法人古代学協会・古代学研究所編集『平安京提要』（角川書

店、一九九四年）
16. 東野治之「日記にみる藤原頼長の男色関係――王朝貴族のウィタ・セクスアリス」（『ヒストリア』八四、一九七九年）
17. 栃木孝惟ほか校注『新古典文学大系43　保元物語　平治物語　承久記』（岩波書店、一九九二年）
18. 中澤克昭『肉食の社会史』（山川出版社、二〇一八年）
19. 長村祥知「治承・寿永内乱期の在京武士」（『立命館文学』六二四、二〇一二年）
20. 丹生谷哲一「検非違使とキヨメ」（『［増補］検非違使――中世のけがれと権力』、平凡社ライブラリー、二〇〇八年、初出一九八〇年）
21. 野口実「「京武者」の東国進出とその本拠地について――大井・品川氏と北条氏を中心に」（『京都女子大学宗教・文化研究所　研究紀要』一九、二〇〇六年）
22. 古澤直人『中世初期の〈謀叛〉と平治の乱』（吉川弘文館、二〇一八年）
23. 松田毅一・川崎桃太訳『完訳フロイス日本史1～12』（中公文庫、二〇〇〇年）
24. 美川圭『白河法皇――中世をひらいた帝王』（角川ソフィア文庫、二〇一三年、初

出二〇〇三年）
25. 美川圭「院政期の京都と白河・鳥羽」（西山良平・鈴木久男編『古代の都3　恒久の都　平安京』、吉川弘文館、二〇一〇年）
26. 村井康彦編『よみがえる平安京』（淡交社、一九九五年）
27. 元木泰雄『武士の成立』（吉川弘文館、一九九四年）
28. 桃崎有一郎『平安京はいらなかった――古代の夢を喰らう中世―』（吉川弘文館、二〇一六年）
29. 桃崎有一郎『武士の起源を解きあかす――混血する古代、創発される中世』（筑摩書房、二〇一八年）
30. 桃崎有一郎「中世公家社会における路頭礼秩序――成立・沿革・所作」（『中世京都の空間構造と礼節体系』、思文閣出版、二〇一〇年、初出二〇〇五年）
31. 桃崎有一郎「中世後期身分秩序における天皇と上皇・室町殿――身分尺度としての陣中・洛中の分析から」（同前書、初出二〇〇八年）
32. 桃崎有一郎『室町の覇者　足利義満――朝廷と幕府はいかに統一されたか』（ちく

ま新書、二〇二〇年）
33. 山田邦和『京都都市史の研究』（吉川弘文館、二〇〇九年）
34. 山田邦和『平安京・京都研究叢書2　日本中世の首都と王権都市——京都・嵯峨・福原』（文理閣、二〇一二年）
35. 山田邦和『京都　知られざる歴史体験　上・下』（新泉社、二〇一七年）
36. 山本雅和「都の変貌」（西山良平・鈴木久男編『古代の都3　恒久の都　平安京』、吉川弘文館、二〇一〇年）

【Historia】MU0051

京都的誕生：平安時代武士創建的戰亂之都

「京都」の誕生 武士が造った戦乱の都

作　　者❖桃崎有一郎
譯　　者❖周若珍
封面設計❖兒日
內頁排版❖張靜怡
總 編 輯❖郭寶秀
責任編輯❖張釋云
行銷業務❖許芷瑀

發 行 人❖凃玉雲
出　　版❖馬可孛羅文化
104 臺北市中山區民生東路二段 141 號 5 樓
電話：(886) 2-25007696
發　　行❖英屬蓋曼群島商家庭傳媒股份有限公司城邦分公司
臺北市中山區民生東路二段 141 號 11 樓
客服服務專線：(886) 2-25007718；25007719
24 小時傳真專線：(886) 2-25001990；25001991
服務時間：週一至週五 9:00 ～ 12:00；13:00 ～ 17:00
劃撥帳號：19863813　戶名：書虫股份有限公司
讀者服務信箱：service@readingclub.com.tw
香港發行所❖城邦（香港）出版集團有限公司
香港灣仔駱克道 193 號東超商業中心 1 樓
電話：(852) 25086231　傳真：(852) 25789337
E-mail：hkcite@biznetvigator.com
馬新發行所❖城邦（馬新）出版集團【Cite (M) Sdn. Bhd. (458372U)】
41, Jalan Radin Anum, Bandar Baru Seri Petaling,
57000 Kuala Lumpur, Malaysia
電話：(603) 90578822　傳真：(603) 90576622
E-mail：services@cite.com.my

輸出印刷❖中原造像股份有限公司
初版一刷❖2022 年 5 月
定　　價❖480 元（如有缺頁或破損請寄回更換）

ISBN：978-986-0767-86-5（平裝）
ISBN：9789860767940（EPUB）

國家圖書館出版品預行編目資料

京都的誕生：平安時代武士創建的戰亂之都／桃崎有一郎作；周若珍翻譯. -- 初版. -- 臺北市：馬可孛羅文化出版：英屬蓋曼群島商家庭傳媒股份有限公司城邦分公司發行, 2022.05
面；　公分. -- (Historia ; MU0051)
譯自：「京都」の誕生：武士が造った戦乱の都
ISBN 978-986-0767-86-5 (平裝)

1. CST: 日本史　2. CST: 人文地理
3. CST: 日本京都市

731.7521　　111002908

城邦讀書花園
www.cite.com.tw